Bernhard Dahm

José Rizal

Der Nationalheld der Filipinos

PERSÖNLICHKEIT UND GESCHICHTE

Band 134

MUSTER-SCHMIDT VERLAG GLEICHEN · ZÜRICH

Bernhard Dahm

JOSÉ RIZAL

Der Nationalheld der Filipinos

MUSTER-SCHMIDT VERLAG GLEICHEN · ZÜRICH

PERSÖNLICHKEIT UND GESCHICHTE

Biographische Reihe im Muster-Schmidt Verlag
Begründet von Prof. Dr. Günther Franz, Stuttgart

Herausgegeben von Prof. Dr. Detlef Junker, Heidelberg

Bernhard Dahm

Geboren 1932 im Siegerland. Studium der Geschichte und Germanistik, Anglistik und Psychologie an den Universitäten Marburg und Kiel; Staatsexamen Kiel 1960; Spezialisierung in Geschichte und Kultur Indonesiens in den Niederlanden (1961–63); Promotion Universität Kiel 1964; Postdoctoral Fellow and Visiting Lecturer am Südostasienprogramm der Yale University (1967–69); Habilitation Universität Kiel 1972; Visiting Professor, Department of History, Yale University (Jan. 1972–Juli 1973); Professor für außereuropäische Geschichte, Universität Kiel (1973–1983); Lehrstuhl für Südostasienkunde, Universität Passau (1984–1997).
Wichtigste Veröffentlichungen: Sukarnos Kampf um Indonesiens Unabhängigkeit (Frankfurt/M. 1966, holländische Ausgabe 1966, amerikanische Ausgabe 1969, indonesische Ausgabe 1987); History of Indonesia in the Twentieth Century (New York und London 1971); Emanzipationsversuche von kolonialer Herrschaft in Südostasien. Die Philippinen und Indonesien. Ein Vergleich (Wiesbaden 1974); Die Südostasienwissenschaft in den USA, in Westeuropa und in der Bundesrepublik Deutschland (Göttingen 1975); Indonesien: Geschichte eines Entwicklungslandes 1945–1971 (Leiden und Köln 1978). Herausgeber (mit W. Draguhn) Politics, Society and Economy in the ASEAN States (Wiesbaden 1984); Herausgeber Economy and Politics in the Philippines under Corazon Aquino (Hamburg 1991); Herausgeber (mit V.J. Houben) Vietnamese Villages in Transition (Passau 1999); Herausgeber (mit R. Ptak) Südostasienhandbuch (München 1999).

Titelbild: José Rizal im Jahre 1890.
Oft reproduziertes letztes Studioportrait vor Rizals Rückkehr in die Philippinen von Edgardo Debas, Madrid.

Bibliographische Information der Deutschen Bibliothek.
Die Deutsche Bibliothek verzeichnet diese Publikation in der Deutschen Nationalbibliographie; detaillierte bibliographische Daten sind im Internet über http://dnb.ddb.de abrufbar.

ISBN 978-3-7881-0134-3

2. Auflage 2010
Verlagsgesellschaft Hans Hansen-Schmidt mbH · Gleichen · Zürich
www.muster-schmidt.de
Gesamtherstellung: Verlagsgesellschaft Hans Hansen-Schmidt mbH, Gleichen
Printed in Germany

Inhaltsverzeichnis

Der Arbeit
der Deutsch-Philippinischen Gesellschaft gewidmet.

Vorwort

Auf den ersten Blick mag sich José Rizal (1861–1896) wie einer der wenigen „exotischen Tupfer“ unter den prominenten europäischen Staatsmännern, Politikern oder Philosophen in dieser illustren Reihe ausnehmen. Immerhin stammt der „Stolz der malaiischen Rasse“, der „erste Nationalist des modernen Asiens“ aus der weit von Europa entfernten Inselwelt der Philippinen. Es wird dem Leser jedoch nicht lange verborgen bleiben, daß die räumliche Distanz in Rizals Fall nicht viel besagen will. In seinem Denken und in seinen Idealen fühlt sich der so vielseitig interessierte Augenarzt, Künstler und Schriftsteller der europäischen Tradition eng verbunden, auf ausgedehnten Studienreisen hat er viele europäische Länder persönlich kennen- und ihre Sprachen sprechen gelernt.

Auch in Deutschland ist Rizal länger als ein Jahr gewesen. Er hat in Heidelberg, Leipzig und Berlin wichtige Anregungen erhalten und dauerhafte Freundschaften geschlossen. Sein erstes Buch, das dem philippinischen Aufbegehren gegen die spanische Kolonialherrschaft so entscheidende Impulse geben sollte, sein berühmtes *Noli me tangere*, ist 1887 in einem Berliner Verlag in spanischer Sprache erschienen. Aus Anlaß der hundertjährigen Wiederkehr der Veröffentlichung von *Noli me tangere* wurde 1987 vom Insel-Verlag in Frankfurt erstmals auch eine deutsche Ausgabe des Romans herausgegeben.

Dennoch ist Rizal hierzulande noch immer weitgehend unbekannt. Abgesehen von einem Essay aus dem Jahre 1897, kurz nach Rizals Erschießung von dessen Freund Ferdinand Blumentritt für eine wissenschaftliche Zeitschrift verfaßt, liegen bisher in deutscher Sprache keine biographischen Arbeiten über Rizal vor. Selbst in Nachschlagewerken hat sein Name bisher kaum Beachtung gefunden. Das ist, wie ein kurzer Blick in das Literaturverzeichnis zeigt, in der englischsprachigen Welt ganz anders. Einmal abgesehen davon, daß Rizal schon bald nach seiner Hinrichtung von der neuen Kolonialmacht auf den Philippinen, den USA, als Nationalheld der Filipinos offiziell anerkannt wurde, riefen sein kurzes Leben und sein Märtyrertod immer neue biographische Versuche hervor, von denen einige zu reinen Hagiographien wurden. Der Rizal-Kult führte andererseits wiederum zu Reaktionen, die zur Ablehnung Rizals und seiner Lehren überhaupt führten.

Aber welches waren diese Lehren? Es gibt Anliegen, die sich in Rizals gesamten Werk nicht ändern: Dies sind vor allem die Forderungen nach Chancengleichheit für die Rassen, nach „Entmachtung" der Mönche im politischen Bereich, nach politischen Reformen, nach Vertretung der Philippinen in der spanischen Cortez, nach Rede-, Presse- und Versammlungsfreiheit, nach Verbesserungen im Erziehungswesen und nach Beteiligung der Filipinos an den Regierungsgeschäften. Aber es gibt auch Fragen, die aufgrund kontrovers geführter Argumentationen einiger seiner Romanhelden nicht mit der gewünschten Eindeutigkeit zu beantworten sind: War Rizal z. B. ein Anhänger prinzipieller Gewaltlosigkeit, wie nach ihm Gandhi, oder bejahte er Gewaltanwendung, und, wenn ja, nur als letzten Ausweg oder, eher taktisch, zum richtigen Zeitpunkt? Oder: Wollte er den Aufstand gegen Spanien, der schließlich unter Berufung auf ihn zustande kam, oder wollte er ihn nicht, wie er bis zum Schluß beteuerte? Oder: wie beurteilte er die Rolle des Volkes? War es in der Lage, sich in Krisenzeiten selbst aus seiner Notlage zu befreien oder war dauerhafte Hilfe nur durch Reformen von oben zu erwarten? Oder, was Rizal selbst und seine Religiosität betraf: War er ein Freidenker, der nur das glaubte, was er auch mit dem Verstand begreifen konnte, oder hatte die tiefe religiöse Prägung aus seiner Jugend auch in den späteren Phasen seines Lebens Bestand?

Je nach dem geistigen Standort des Verfassers wird man in der Literatur zu den hier angeschnittenen Bereichen recht unterschiedliche Antworten erhalten. Für uns ist dies ein Grund mehr, die jeweiligen Stellungnahmen und Positionen nicht aus ihrem historischen Zusammenhang zu lösen, und es wird sich zeigen, daß die wechselhaften Erfahrungen Rizals auch seine Einsichten allmählich verändert haben. Deshalb werden in der folgenden Darstellung seines Lebens Entwicklungsphasen gegeneinander abgegrenzt, in denen Änderungen deutlich werden.

Rizals Aktivitäten waren eingebunden in Prozesse, die er kaum beeinflussen konnte. Durch die Sezession der lateinamerikanischen Kolonien im frühen 19. Jahrhundert war das spanische Weltreich von einst inzwischen auf bescheidene Maße zusammengeschrumpft. Das Königreich auf der iberischen Halbinsel versuchte einen weiteren Abfall zu verhindern und die Spanien noch verbliebenen außereuropäischen Gebiete notfalls mit repressiven Maßnahmen an sich zu ketten. Zur gleichen Zeit aber hatte der Liberalismus in Spanien selbst Fuß gefaßt, er unterstützte liberale Reformbewegungen auch in den Kolonien, wo Handelskontakte mit nicht-spanischen Ländern gesellschaftliche Emanzipationsbestrebungen ins Leben gerufen hatten. Die z. T. widersprüchlichen staatlichen Direktiven fanden Kritik im Lager der Konservativen, und hier besonders unter den geistlichen Orden, die sich durch die neuen Ideen und Kräfte bedroht sahen und ihnen mit allen Mitteln Einhalt zu gebieten versuchten. So erwuchsen die Konfliktfelder, in denen sich Rizal bewegte und denen er schließlich zum Opfer fiel. Da deren Genese nicht als bekannt vorausgesetzt werden kann, soll zunächst in einem einleitenden Kapitel kurz die Entwicklung der spanischen Herrschaft auf den Philippinen bis zum Auftreten Rizals dargestellt werden.

Sämtliche Zitate sind in deutscher Sprache gebracht und – soweit nicht ausdrücklich anders vermerkt – vom Verfasser übersetzt. Der Schlüssel zu den Fundstellen ist aus den Literaturangaben ersichtlich.

Passau, im Februar 1988 *Bernhard Dahm*

I.

Einleitung

Spanien und die Philippinen bis zur Mitte des 19. Jahrhunderts

Die Philippinen waren von Magaelhan 1521 bei seiner Weltumsegelung für das Abendland entdeckt worden. Der berühmte Portugiese in spanischen Diensten verlor dort im gleichen Jahre auch sein Leben, als er versuchte, den „störrischen" Häuptling Lapu-Lapu auf der kleinen Cebu vorgelagerten Insel Mactan zur Anerkennung von ihm erlassener Anordnungen zu zwingen. Danach dauerte es fast ein weiteres halbes Jahrhundert, bis eine neue spanische Flotte unter Führung von Miguel Lopez de Legaspi von Mexiko kommend den größeren Teil des inzwischen nach Philipp II. benannten Archipels endgültig für Spanien eroberte. Mit der Einnahme von Manila (1571) begann Spaniens Herrschaft über die Philippinen, die es bis gegen Ende des 19. Jahrhunderts nahezu unangefochten behaupten konnte.

Im Unterschied zu den Entwicklungen in Lateinamerika waren auf den Philippinen immer nur verhältnismäßig wenig Spanier im Lande: Dem Generalgouverneur, der anfänglich von dem spanischen Vizekönig in Mexiko und später von der Regierung in Madrid ernannt wurde, stand ein königlicher Rat *(real audiencia)* zur Seite, an dessen Vorschläge er jedoch nicht gebunden war. Er setzte die Provinzgouverneure *(alcaldes mayores)* ein, die wiederum in ihren Gebieten nahezu unbegrenzte Vollmachten hatten. Daneben gab es eine Steuerbehörde und, seit 1754, ein stehendes Heer mit eintausend Mann, von denen nur die Offiziere spanischer Herkunft waren. Erst 1860 erfolgte eine Reorganisation des Heeres, dessen Gesamtstärke dann auf 14500 Mann anwuchs, worunter sich auch die drei Regimenter der berüchtigten Polizeieinheiten *(guardia civil)* befanden.

Daß die spanische Kolonialherrschaft auf den Philippinen Jahrhunderte hindurch mit so wenig Vertretern der spanischen Macht aufrechterhalten werden konnte, hatte vor allem zwei Gründe: Die geographische Lage und die Aktivitäten spanischer Mönchsorden. Die Philippinen, abseits von den traditionellen Handelsrouten zwischen China und Indien (entlang den Küsten von Indochina und sodann durch die Straße von Malakka) gelegen, waren zur Zeit der Ankunft der Spanier noch nicht von der hinduistischen oder buddhistischen Kultur erreicht oder gar durchdrungen wie einige andere Länder Südostasiens, die unmittelbar an diesen Handelsrouten lagen. Das erleichterte den Spaniern die Verwirklichung ihres Missionsauftrages. Schwierigkeiten gab es nur im Süden des Archipels, wo der Islam schon Fuß gefaßt hatte, und es ist den Spaniern auch bis zum Ende ihrer Kolonialherrschaft nicht gelungen, die „Moros" von Mindanao in ihren Herrschaftsbereich einzubeziehen.

Die Bekehrung der philippinischen Bevölkerung der nördlichen und zentralen Inseln zum Christentum war das Werk der Mönche verschiedener Ordensrichtungen (Augustiner, Franziskaner, Dominikaner, Rekollekten) und der Jesuiten, die die Eroberer *(conquistadores)* schon auf ihren Eroberungszügen begleiteten. Sie trugen dafür Sorge, daß die brutalen Methoden, wie sie in Lateinamerika praktiziert worden waren, bei der Unterwerfung der Völker in der Inselwelt unterblieben, und einige bemühten sich auch um Anknüpfungsmöglichkeiten mit deren eigenen religiösen Traditionen bei der Verbreitung der christlichen Lehre. Auch in der Folgezeit waren die Geistlichen nicht nur die spirituellen Betreuer ihrer Schutzbefohlenen. Sie achteten zum Beispiel darauf, daß die Verordnungen der spanischen Kolonialbehörden von den Conquistadoren auch eingehalten wurden, führten gelegentlich Protestbewegungen gegen ausbeuterische Provinzgouverneure an und errangen sich auf diese Weise vielerorts das Vertrauen, das ihnen einen dauerhaften Einfluß in der Gesellschaft der Einheimischen sicherte.

Die Spanier knüpften bei der Errichtung ihrer Herrschaft an vorgefundene Verwaltungsstrukturen an: Dorfgemeinschaften *(barangays)* wurden von Häuptlingen *(datuks)* regiert, deren Familien sich im Laufe der Zeit in den Barangays eine Vorrangstellung zu sichern verstanden. Daneben gab es Bauern und Leibeigene, die Steuern zu zahlen und Dienstleistungen zu entrichten hatten. Die neuen Herren behielten die Barangays als niedrigste Verwaltungseinheit bei. Aus den Datuk-Familien ließen sie den „cabeza de barangay" wählen, der mit seinem eigenen Vermögen dafür haftete, daß die Steuern aus seiner Barangay entrichtet und sonstigen Anordnungen der Kolonialregierung Folge geleistet wurde. Diese Einbringung der früher so selbstherrlichen Datuks in das Kolonialsystem brachte das Amt des Cabeza anfänglich in Verruf, aber nach der Durchsetzung der spanischen Herrschaft fanden sich dafür immer mehr Kandidaten, zumal die Datuk-Familien sich allmählich zu einer breiteren *principalia* ausweiteten, in die z.B. auch integrationswillige Chinesen aufgenommen werden konnten.

Die reichen chinesischen Händler waren als begüterte Ehepartner für die Töchter des eher armen einheimischen Landadels sehr willkommen. Andererseits sahen sich die Chinesen, die sich nicht integrationswillig (und das bedeutete in der Praxis vor allem bekehrungswillig!) zeigten, immer wieder Verfolgungen ausgesetzt. Bei der wie erwähnt geringen Präsenz von Vertretern der spanischen Macht wurden die Chinesen oft verdächtigt, den Niedergang der spanischen Herrschaft zu betreiben, und in einigen Fällen konnten solche verschwörerischen Aktivitäten auch nachgewiesen werden. Nach der Bekehrung und der erst danach möglichen Einheirat in die Principalia aber waren dann die Chinesen unter Kontrolle, nicht zuletzt durch den Dorfgeistlichen, dem auch für die Besetzung des Cabeza-Amtes das entscheidende Vorschlagsrecht zukam.

Dieses Recht nahmen sich die Dorfgeistlichen auch bei der Wahl der *gobernadorcillos* für die nächst größere Verwaltungseinheit, den Pueblo. Er wurde aus dem Kreis der Cabezas der umliegenden Barangays gewählt und war damit der höchstrangige philippinische Beamte. Sein direkter Vorgesetzter war der bereits erwähnte spanische Provinzgouverneur (Alcalde). Da letzterem oft die Kenntnis der Gegend oder auch die Qualifikation für die Verwaltung fehlte, wenn er sich seine Ernennung z.B. erkauft hatte, oder wenn er aus dem Militärdienst ausgeschieden war, kam der Besetzung des Postens des Gobemadorcillo und damit abermals dem Votum oder auch dem Veto des Geistlichen eine um so größere Bedeutung zu.

Aus dieser Doppelfunktion als Seelsorger und Vertreter der Interessen der spanischen Macht in der Provinz wird die Schlüsselrolle der Geistlichkeit während der spanischen Kolonialherrschaft deutlich. Schon früher gab es gelegentlich Kritik an ihrer „Allmacht“, nicht zuletzt von den spanischen Gouverneuren und Generalgouverneuren. Aber in der Bevölkerung der Philippinen erfreute sie sich bis in die Mitte des 19. Jahrhunderts einer allgemeinen Verehrung. Das lag nicht zuletzt schon darin begründet, daß die Geistlichen das Unterrichtssystem kontrollierten. Der Mitte der 1850er Jahre durch die Philippinen reisende britische Gouverneur von Hongkong, John Bowring, stellte jedenfalls fest, der Unterricht läge noch in „monkish ages“ (1859: 137), weil auf den wenigen Oberschulen der Orden nur Theologie, Grammatik, Rhetorik und Latein gelehrt würden, auf der Santo-Thomas-Universität kämen noch Metaphysik, ziviles und kanonisches Recht dazu, aber moderne Naturwissenschaften fehlten – ebenso wie Geographie, Geschichte oder Fremdsprachen – völlig. Erst die Jesuiten, die von 1768–1859 auch aus den Philippinen verbannt worden waren, nahmen nach ihrer Rückkehr und der Neueröffnung ihres „Ateneo“ zu Anfang der 1860er Jahre die von Bowring noch vermißten Fächer in das Curriculum auf. Die Jesuiten glaubten, sich der Herausforderung durch die neue Zeit stellen zu müssen, glaubten aber auch, durch die Vermittlung neuen Wissens eventuell für die spanische Herrschaft aufkommende Gefahren durchaus noch kontrollieren zu können.

Neue Ideen und ketzerische Gedanken mit Zweifeln an bestimmten Lehren der katholischen Kirche kamen um diese Zeit ohnedies in die zuvor lange und sorgsam nach außen abgeschirmte Inselwelt: Einmal aus dem spanischen Mutterland selbst, wo die liberalen Kräfte seit den napoleonischen Kriegen zunehmend an Einfluß gewannen und 1868 sogar in der Lage waren, die konservative Regierung der Königin Isabella zu stürzen, was sogleich auch seine Folgen auf den Philippinen haben sollte. Zum anderen kamen die neuen

Ideen über den zunehmenden Handelsverkehr mit fremden Nationen ins Land. Jahrhundertelang hatte sich der Handel nur innerhalb des spanischen Weltreiches selbst abgespielt, symbolhaften Ausdruck findend in den jährlich ein- oder zweimal zwischen Acapulco in Mexiko und Manila segelnden Galleonen. Seit Ende des 18. Jahrhunderts aber war der Hafen Manilas fremden Schiffen bei Einhaltung bestimmter Vorschriften (z. B. nur asiatische Ware zu bringen) geöffnet worden. Im Laufe des frühen 19. Jahrhunderts waren weitere Handelsbeschränkungen aufgehoben, fremde Lagerhäuser und Konsulate in Manila eingerichtet worden, und 1855 erfolgte auch die Öffnung weiterer Häfen.

In den Augen konservativer Kreise, die sich nach dem Verlust der Kolonien in Südamerika in die Philippinen zurückgezogen hatten, waren dies gefährliche Entwicklungen, die zu Aufstandsneigungen oder gar zu Autonomiebestrebungen führen konnten, und sie setzten die Einrichtung einer Zensurbehörde in Manila durch, die verhindern sollte, daß aufrührerische Schriften in die Philippinen gelangten.

Freilich wurden solche Gefahren auch Mitte des 19. Jahrhunderts noch eher langfristig gesehen. Gerade die Kirche und die Mönchsorden sahen sich, wie schon angedeutet, noch voll in Kontrolle. Unruheherde, von denen gefährliche Funken herüberfliegen konnten, wie von der Französischen Revolution ins spanische Mutterland, oder von dem amerikanischen Unabhängigkeitskampf nach Lateinamerika, waren Mitte des 19. Jahrhunderts von den Philippinen weit entfernt. Außerdem unterschied sich die dortige Bevölkerungsstruktur recht deutlich von der der lateinamerikanischen Kolonien vor ihren Unabhängigkeitsbewegungen. Dort lag z. B. der Anteil der Weißen an der Gesamtbevölkerung wegen wiederholter Einwanderungswellen aus der iberischen Halbinsel und der weitgehenden Abkapselung der Kreolen von den anderen Rassen bei 20 %, von 17,7 Millionen Menschen in Spanisch Mittel- und Südamerika um 1825 waren 3,2 Millionen Weiße (Konetzke, 1956: 103).

Auf den Philippinen aber gab es noch in den 1870er Jahren nur 13 500 Spanier, 3800 Peninsulares und 9700 in der Kolonie geborene Kreolen, in der Literatur damals Filipinos genannt, einen Namen, den aber schon bald die philippinischen Nationalisten für sich selbst beanspruchen sollten. Diese 13 500 Spanier stellten bei einer Gesamtbevölkerung von 1877 etwa 5,5 Millionen (v. d. Driesch 1984: 488) somit nur 0,25 %!

Bei diesem geringen Anteil konnte den Kastilianern, gleich ob sie zum Klerus, zur Verwaltung, zum Heer oder zu Handelsunternehmungen gehörten, nichts daran gelegen sein, einen Unabhängigkeitskampf gegen das Mutterland zu führen. Für sie ging es vielmehr um die Verteidigung ihrer Privilegien in der Kolonie. Diese Privilegien wurden noch am ehesten bedroht von der ehrgeizigen Gruppe spanischer und chinesischer Mestizen, die Gleichberechtigung für alle Rassen forderten. Wenngleich diese Gruppe mit um diese Zeit etwa 177 000 auch nur einem Bevölkerungsanteil von 3,2 % entsprach, so fiel ihre Zahl doch ins Gewicht, weil sie sich in den wenigen Städten, insbesondere in Manila, konzentrierte. Über deren gelegentliche Unzufriedenheit waren sich die Spanier allerdings genau im klaren, das wird schon dadurch deutlich, daß sie bei Aufstandsregungen die „Hintermänner" zunächst im Kreise dieser Mestizen suchten.

Zurücksetzung aus rassischen Gründen gab es auf den Philippinen auch im Klerus und äußerte sich z. B. in der Weigerung der Orden, von ihnen verwaltete „weltliche" Pfarrämter an den allmählich entstandenen philippinischen Klerus zu übergeben. Wenn dieser wegen Bedarfs an Geistlichen in offene Pfarrstellen eingewiesen werden mußte, gab es bald Versuche, ihm diese bei geeigneter Gelegenheit wieder abzunehmen. Der philippinische Klerus wehrte sich dagegen und versuchte schon immer, entsprechende Erlasse wieder rückgängig zu machen. Als nun 1859 die Jesuiten nach 90jähriger Abwesenheit in die Philippinen zurückkehrten und ihre alten Einflußgebiete zurückverlangten, wurde das Problem akut. Die Augustiner Barfüßermönche *(Recollectos)*, die die Provinzen der Jesuiten inzwischen verwaltet hatten, forderten Ersatz und erhielten diesen in Manila und Umgebung zugesprochen, wo die Pfarrstellen vorwiegend durch den philippinischen Klerus besetzt worden waren.

Der Protest des philippinischen Klerus wurde zunächst von dem spanischen Pater Pelaez (1815–63) vorgetragen. Nach dessen frühen Tod bei einem Erdbeben in Manila folgte ihm Pater José Burgos (1837–72), Sohn eines spanischen Vaters und einer Mestizin. Wie Pelaez hatte Burgos eine gute juristische und theologische Ausbildung und war gleich ihm Dozent an der Santo-Thomas-Universität in Manila geworden.

Pelaez und Burgos, obgleich rassisch nicht zu den „Indios" gehörend, setzten sich für deren Rechte mit Argumenten ein, die sich auf Beschlüsse des Trienter Konzils und verschiedene Erlasse spanischer Könige stützen konnten. Danach war den Mönchsorden die Führung weltlicher Pfarrämter nicht freigestellt, sondern ausdrücklich untersagt, wenn sich andere geeignete Kandidaten fanden. Diese aber waren nach Ansicht von Pelaez und Burgos unter dem philippinischen Klerus zur Genüge vorhanden. Burgos ging noch einen Schritt weiter und wagte es, statt dessen die Qualifikation von frisch aus Spanien angekommenen Mönchen für philippinische Pfarreien in Frage zu stellen. Außerdem warnte er in einem Schreiben an den Erzbischof vor einer Güterhäufung bei den Orden, weil dieses böses Blut unter den Einheimischen hervorrufen könne. Damit hatte sich Burgos mit seinem Eifer für eine als gerecht erkannte Sache ganz offen als Gegner der Ordensgeistlichen zu erkennen gegeben und mußte damit rechnen, daß diese seine Aktivitäten noch argwöhnischer als bisher beobachten würden, um ihn gegebenenfalls des Verrats an Spanien bezichtigen zu können.

Als im Jahre nach der Revolution von 1868 in Spanien ein liberaler Generalgouverneur (C.M. de la Torre) in die Philippinen kam, wurde Burgos von ihm zunächst in eine Reformjunta berufen, die Vorlagen für ein liberaleres Klima auch auf den Philippinen erarbeiten sollte. Obgleich die Mönche in der Kommission durch ihr stetes Veto konkrete Ergebnisse verhinderten und die private Post Burgos bereits überwacht wurde, gelang es doch, mönchische Intrigen und die Forderungen nach mehr Gleichheit und Gerechtigkeit auf den Philippinen in die spanische Presse zu lancieren, wohinter zu recht als Informant Pater Burgos vermutet wurde. Die Abrechnung sollte

José Rizal als Student in Europa (1882).
Fundort: National Archives, Manila.

Eine junge Filipina der Principalia-Schicht gegen Ende der spanischen Kolonialzeit im Festtagsgewand.

Fundort: W. C. Forbes, Philippine Islands (1928), Cambridge, Harvard-Univ.-Press, Neuauflage 1945, Reprint 1975.

nicht lange auf sich warten lassen. Schon 1871 kam nach einer abermaligen Regierungsumbildung in Spanien ein neuer Generalgouverneur, der eher konservative R. Izquierdo in die Philippinen.

Er erklärte bei seiner Ankunft in Manila, er werde mit dem Kreuz in der einen und mit dem Schwert in der anderen Hand regieren. Er zögerte dann auch nicht, bei dem Ausbruch der sogenannten „Cavite-Meuterei" durch einige mit ihrem Sold unzufriedene Soldaten am 20. Januar 1872 alle des Umsturzversuches verdächtigten Filipinos verhaften zu lassen. Unter ihnen befand sich auch Pater Burgos mit seinen engsten Mitarbeitern aus dem philippinischen Klerus, Pater Gomez und Pater Zamora. Nach einem kurzen Gerichtsverfahren hinter verschlossenen Türen erhielten die Geistlichen die Höchststrafe. Sie wurden zum Tode durch Erdrosseln verurteilt und am 17. Februar 1872 öffentlich hingerichtet. Der Vorwurf (die Prozeßunterlagen sind bis zum heutigen Tag nicht auffindbar) lautete, jedenfalls nach Mitteilungen des Generalgouverneurs, die Geistlichen hätten hinter dem Aufstandsversuch gestanden, hätten die Bildung einer provisorischen Regierung unter Pater Burgos schon vorbereitet und die Ermordung aller Spanier im Archipel geplant. Die Gobernadorcillos seien allenthalben schon entsprechend instruiert worden, und es sei besonders bedenklich, daß niemand von diesen, wie bisher doch allgemein üblich, die Ortsgeistlichen über diese verbrecherischen Pläne informiert habe.

Diese für 1872 jedenfalls noch abstrusen Behauptungen konnten kaum vertuschen, daß hier die erste Gelegenheit genutzt wurde, um die einflußreichsten und unangenehmsten Befürworter eigener Rechte der Filipinos aus dem Weg zu räumen. Der spanische Erzbischof von Manila, der Burgos früher schon einmal zur Mäßigung ermahnt hatte, weigerte sich dann auch damals schon, wegen Mangels an überzeugendem Beweismaterial die Verurteilten vor ihrer Hinrichtung aus dem geistlichen Stande auszustoßen.

Für die philippinische Bevölkerung wurde in der kommenden Zeit die öffentliche Hinrichtung der drei Patres zum Fanal einer neuen Epoche. In kurzer Zeit schon sollte sich das frühere Vertrauensverhältnis zu den spanischen Ordensgeistlichen, denen vor allem man die Ermordung von Burgos, Gomez und Zamora – den ersten Märtyrern eines keimenden philippinischen Nationalismus – anlastete, in sein Gegenteil verkehren. In wenigen Jahren waren die Voraussetzungen für eine Lösung von Spanien, die 1872 noch undenkbar schien, geschaffen. Derjenige, der am meisten zur Vermittlung eines neuen Selbstwertgefühls beigetragen hatte, und der am eindringlichsten die Forderungen der Filipinos artikulierte und der dann schließlich mit dem Tode für einen Aufstand zu zahlen hatte, den er in dieser Form nicht wollte, war José Rizal.

II.

Rizals Herkunft und Jugendzeit

José Rizal, oder genauer, José Protasio Rizal Mercado y Alonso, wie sein voller Name lautete, ist am 19. Juni 1861 in Calamba, einem etwa 10 Stunden mit der Pferdedroschke von Manila entfernten Ort in der Provinz Laguna am gleichnamigen See geboren. Seine Eltern, Francisco Mercado und Teodora Alonso, entstammten beide aus Principalia-Familien, in denen es schon frühzeitig Mischungen mit chinesischen und spanischen Mestizen gegeben hatte. Beide Familien waren begütert und hatten in dem benachbarten Pueblo Binang schon wiederholt den Gobernadorcillo gestellt. Ihre Häuser waren der Treffpunkt der örtlichen Würdenträger mit hochgestellten Reisenden; die Geistlichen, der Gouverneur und der Alferez (Leutnant) der Guardia Civil gingen bei ihnen ein und aus.

Diese Tradition eines gepflegten offenen Hauses für die Oberschicht setzten die Eltern Rizals in Calamba fort, als sie nach ihrer Eheschließung (1848) dort von den Dominikanern eine Hazienda pachteten. Landbesitz wurde in den Philippinen erst jetzt bedeutsam, nachdem den fremden Händlern auch der Zugang ins Landesinnere gestattet worden war. Nach der Öffnung des Suez-Kanals (1869) sollte eine Ausnutzung der Landreserven noch mehr an Bedeutung gewinnen. Reis und Zucker insbesondere waren gefragt, und diese gediehen im Gebiet von Calamba besonders gut, so daß sich für arbeitswillige Pächter dort die Gelegenheit zum raschen Aufbau einer gesicherten Existenz bot. Auch die Pachtbedingungen scheinen anfänglich erträglich gewesen zu sein, jedenfalls ist aus der Jugendzeit von Rizal nichts von materieller Notlage bekannt. Im Gegenteil: Die Mercados wurden zu einer der einflußreichsten Principalia-Familien und bauten sich ein großes Haus. Im Kreis von insgesamt 10 Geschwistern scheint José (er selbst war das 7. Kind) eine unbeschwerte Kindheit verlebt zu haben. Das Verständnis mit seinem 10 Jahre älteren Bruder Paciano, aber auch das gute Verhältnis zu seinem Vater und seinen neun Schwestern wurde von Rizal später immer gerühmt. Als verhältnismäßig kleines und schwächliches Kind scheint er von allen Seiten besonders viel Zuwendung gefunden zu haben. Das engste Verhältnis hatte er zu seiner Mutter, einer für die damaligen Verhältnisse auf den Philippinen ungewöhnlich gut gebildeten Frau. Auf Grund des Reichtums ihrer Familie hatte sie das Dominikaner-College in Manila für Mädchen, Santa Rosa, besuchen können. Dabei hatte sie nicht nur excellente spanische Sprachkenntnisse und ein gutes Wissen über spanische Literatur erworben, sondern sie war dort auch in ihrem katholischen Glauben gefestigt worden. All dies konnte sie an José weitervermitteln, als sie später dessen Interesse an diesen Dingen bemerkte.

Ein starker Familiensinn, eine zunächst vorwiegend emotional begründete Religiosität und ein wachsendes Interesse an Literatur, das waren prägende Erfahrungen in den ersten zehn Jahren seines Lebens.

Aber schon bald sollten jetzt Erfahrungen hinzukommen, die ihm auch die andere Seite des Lebens in den Philippinen zeigen sollten. Im Juni 1871, kurz nach seinem 10. Geburtstag, wurde seine Mutter auf Grund der Verdächtigung verhaftet, einen Giftmordanschlag an einer entfernten Verwandten begangen zu haben. Sie wurde von demselben Alferez, der regelmäßig Gast in ihrem Hause gewesen war, wie eine Schwerverbrecherin zu Fuß in die 20 km entfernte Provinzhauptstadt paradiert. Dort wurde sie ins Gefängnis eingeliefert, in dem sie dann trotz sich mehrender Anzeichen ihrer völligen Schuldlosigkeit fast 2½ Jahre verbleiben mußte.

Mit einem Schlag wurden für Rizal bislang als selbstverständlich angesehene Lebensbedingungen wie staatliche Gerechtigkeit oder soziale Sicherheit und Geborgenheit in der Familie als Illusionen entlarvt, wobei besonders schmerzlich war, daß sich angebliche Freunde so bereitwillig als Handlanger für die Denunzianten zur Verfügung stellten. Eines stand außerdem fest: ohne die Zustimmung kirchlicher Kreise wäre diese Behandlung der hochgeschätzten Dona Teodora undenkbar gewesen. Welcher Grund aber mochte die Vertreter der katholischen Kirche zu diesem Akt der Demütigung bewogen haben? Darauf gibt es keine klare Antwort, weil offiziell die Kirche völlig unbeteiligt tat. Aber es gibt eine Vermutung, die das Ereignis leicht zu erklären vermag: Paciano, der ältere Bruder Rizals, studierte in jener Zeit in Manila und lebte im Hause von Pater Burgos, den er offensichtlich bei seiner Arbeit unterstützte. Nach Ausbruch des Cavite-Aufstandes (Januar 1872) und der Verhaftung von Pater Burgos kehrte Paciano Mercado, der, obgleich ihm nichts anzulasten war, zum Kreis der Verdächtigen gehörte, nach Hause zurück. Der Vater Rizals, die Zusammenhänge ahnend, die zwischen der Beziehung seines Sohnes zu Burgos und der Verhaftung und Demütigung seiner Frau bestanden, verbot, daß in seinem Hause die Namen Burgos und Cavite auch nur noch einmal genannt würden. Die Möglichkeit der Bespitzelung und Weitergabe der Gespräche der Familie war nicht auszuschließen, und so wurde das Verbot des Vaters im Hause der Mercados auch befolgt.

Aber bei dem engen Verhältnis zwischen Rizal und seinem Bruder Paciano kann es als sicher gelten, daß letzterer ihn über die Vorgänge in Manila, über das Netz von Intrigen und die Hinrichtung der Patres genau informierte, so daß Rizal sich in seinen späteren Arbeiten, in denen er auf die philippinischen Märtyrer zu sprechen kam, auf Informationen aus erster Hand stützen konnte.

Noch im gleichen Jahre wechselte José Rizal auf das Ateneo Municipal der Jesuiten in Manila. Die bisher in Calamba und Biñang besuchten Schulen hatten ihm nur Grundkenntnise vermittelt. Aber das zusätzlich von der Mutter beigebrachte Wissen reichte aus, daß er die Aufnahmeprüfung bestand. Sein Bruder Paciano fuhr mit ihm hin und besorgte ihm eine Unterkunft in Binondo, dem Manila vorgelagerten quirligen Geschäftsviertel am nördlichen Ufer des Pasig. Das Ateneo selbst lag im eigentlichen Manila, dem Regierungssitz, einem „heißen, öden Ort, voll Klöster, Stifte, Kasernen, Regierungsgebäude“, wie „Intramuros“ von dem deutschen Reisenden Jagor (1873:18) beschrieben wird. In den kommenden Jahren hat Rizal seine Unterkunft wiederholt gewechselt, bis er für die beiden letzten Jahre im Ateneo selbst Aufnahme fand und sich den langen Schulweg sparen konnte. Seit seinem Wechsel nach Manila führte José auf Rat seines Bruders nur noch den Beinamen der Familie Mercado, Rizal, schon alleine um eventuellen Nachforschungen Paciano betreffend zu entgehen, denn es war noch immer das gleiche Jahr der Hinrichtung der Patres, und die Suche nach Verdächtigen hielt noch an.

Das Ateneo der Jesuiten, es wurde bereits angedeutet, war die erste „moderne" Schule auf den Philippinen, neu eingerichtet nach der Rückkehr der Jesuiten (1859) und in dieser Form also nicht viel älter als Rizal selbst. Unterrichtet wurden neben christlicher Doktrin Spanisch, Latein, Griechisch und Französisch, daneben Geographie und Geschichte, besonders die Spaniens und der Philippinen; sodann gab es Mathematik und Naturwissenschaften wie Chemie und Physik, Botanik und Zoologie. Schließlich standen auch die klassischen Disziplinen Poetik, Rhetorik und Philosophie noch auf dem Curriculum. Jedenfalls stand für einen strebsamen Schüler ein ganzes Feld von Möglichkeiten offen, sich selbst und anderen zu beweisen, daß er mithalten konnte. Die Jesuiten unterrichteten nach einem Modell miteinander wetteifernder Gruppen, wodurch das Leistungsdenken stimuliert wurde und erste Erfolgserlebnisse den Lerneifer eher noch stärkten. Das war für Rizal und seinen weiteren Werdegang von großer Bedeutung. Seit seiner Kindheit aufgrund seiner geringen Körpergröße und schwächlichen Konstitution ungewöhnlich sensibel gegenüber irgendwelchen oft auch nur eingebildeten Zurücksetzungen, boten Erfolge über Kastilianer oder Kreolen, die die Mehrheit der Schüler am Ateneo stellten, gute Kompensationsmöglichkeiten für einen „Indio" aus der „Provinz", der er nach der Terminologie jener Zeit nun einmal war.

Wie sehr Rizal diese Gelegenheit im Ateneo nutzte, zeigen seine hervorragenden Zeugnisse, Medaillen und Preise während der fünf Jahre bis zum Baccalaureat. Außerdem ragte er durch besondere Leistungen in musischen Fächern hervor. Er schrieb Gedichte, die allgemeine Bewunderung fanden, malte und modellierte; alles ging ihm leichter von der Hand als seinen Mitschülern. Aus seinen Mitteilungen in Tagebüchern und späteren Briefen ist zu entnehmen, daß er sich gelegentlich auf Grund seiner Erfolge in Vorstellungen einer eigenen Überlegenheit in den verschiedensten Bereichen hineinsteigerte. Daher war er um so betroffener, wenn er dann plötzlich wieder auf rassisch bedingte Vorurteile stieß, was ihm sein Leben lang nicht erspart bleiben sollte!

Das Ateneo war aber nicht nur die Schule zur Vorbereitung auf das Leben, sondern sie stellte als Institution der Jesuiten alle Erziehung auch unter das Ziel der Verbreitung des Ruhmes Gottes („ad maiorem dei gloriam"), indem es sich darum bemühte, seine Schüler zu guten und standhaften Katholiken zu erziehen, die auch den Anfechtungen des Glaubens trotzen konnten. Hier fanden die Jesuiten in Rizal auf Grund der Vorbereitungen seiner Mutter ein recht williges Objekt. Auf viele Fragen, die in Gesprächen mit seiner Mutter offen bleiben mußten, fanden seine hochgebildeten jesuitischen Lehrer Antworten, die Rizal jedenfalls in dieser Phase seiner Entwicklung noch zufriedenstellten. Mit vielen von seinen Lehrern verband ihn darüber hinaus eine Freundschaft, die auch noch über die Schulzeit hinaus anhalten sollte. Bei einigen selbst dann noch, als Rizals Religiosität nicht mehr durch eine naive Glaubensgewißheit geprägt war, wie im Ateneo, wo er regelmäßig und voller Eifer die Messe besuchte und Befriedigung in den religiösen Bruderschaften der Schule fand. Am Abend seines Abschlußexamens weihte er sogar in einem Dankgebet sein zukünftiges Leben der heiligen Jungfrau Maria.

Länger nachwirkend als diese emotionale Frömmigkeit blieben die in der Zeit des Ateneo in ihn gepflanzte Wahrheitsliebe und die moralischen Wertvorstellungen mit der Verpflichtung, sich für das, was einmal als wahr erkannt war, dann auch ohne jedes Wenn und Aber voll einzusetzen. Die ersten Erfahrungen des Wertes einer neuen Selbstdisziplin konnte er an sich selbst machen. Mit viel Selbstüberwindung und regelmäßigem Training gelang es ihm, das körperliche Handicap seiner Jugend, die schwächliche Konstitution, zu überwinden, so daß er das Ateneo schließlich nicht nur mit hervorragenden schulischen Leistungen, sondern auch mit guter körperlicher Konstitution verließ.

Die nächste Institution, die er nach dem Willen seines Vaters besuchen sollte, war die Santo-Tomas-Universität, die erste von den Dominikanern schon 1611 gegründete Hochschule des Landes. Dabei war es dem Vater egal, für welches Fach sich José entschied. Dieser schrieb sich zunächst für Philosophie ein, die ihm aber schon im ersten Semester durch die Arroganz spanischer Professoren gründlich verleidet wurde. Im nächsten Jahr begann er dann ein Medizinstudium, weil seine Mutter zunehmend Schwierigkeiten mit ihren Augen hatte. Von größeren Erfolgen ist jedoch auf diesem Gebiet nicht viel zu hören. In Erinnerungen und Tagebüchern aus dieser Zeit ist mehr von den ersten Liebschaften des José die Rede, von Hoffnungen und ersten Enttäuschungen, die sich um eine Freundin seiner Schwester Olympia (Segunda Katigbak) und die allmählich in seiner Gunst den ersten Platz erringende Cousine zweiten Grades, Leonor Rivera, ranken.

In seinem ersten Roman *Noli me tangere* wird später kritisiert, daß die hochehrwürdige Santo-Tomas-Universität den Wandel der letzten Jahrzehnte auf den Philippinen nicht begriffen habe und sich mit der Gültigkeit der Gesetze des Syllogismus und der scholastischen Philosophie herumplage, statt sich um die Erfordernisse des Tages und unsere heutige Identität zu kümmern (Noli: 331f.). Auch wenn diese Kritik erst nach einem mehrjährigen Aufenthalt in Europa geschrieben wurde, spiegelt sie doch die Unlust und Unzufriedenheit Rizals mit den weiteren Bildungsmöglichkeiten auf den Philippinen zu Beginn der 80er Jahre. Schließlich einigte er sich in Gesprächen mit seinem Bruder Paciano, die Philippinen zu verlassen und nach Europa zu gehen. Paciano, der inzwischen die Hazienda des Vaters versorgte, fand sich bereit, Rizal einen monatlichen Betrag zu überweisen, der seine Kosten in Europa decken sollte.

Bevor Rizal auf dem Wege nach Europa gefolgt werden soll, sei hier noch auf ein Ereignis hingewiesen, das ihn bei einem kurzen Heimataufenthalt in Calamba traf. Als er eines Abends am See seines Heimatortes spazieren ging, wurde er von einem Leutnant der Guardia Civil brutal zusammengeschlagen und verwundet, weil er diesen in der Dunkelheit nicht erkannt und demzufolge auch nicht gegrüßt hatte. Als sich Rizal nach seiner Rückkehr nach Manila persönlich bei dem Generalgouverneur über das ihm geschehene Unrecht beschweren und Wiedergutmachung verlangen wollte, wurde ihm bedeutet, daß sich der Vertreter der spanischen Krone in den Philippinen mit solchen Lappalien nicht abgeben könne. Dies hat ihn in seinem Rechtsempfinden und in seiner Würde, wie wir von späteren Ausführungen wissen, zutiefst verletzt.

Welche Auswirkungen hatten diese Erfahrungen der Rechtsunsicherheit und der Arroganz der Herrschenden auf seine Einstellung gegenüber Spanien? Ist Rizal vor seiner Abreise auf die iberische Halbinsel bereits der Nationalist, der auf Wege sinnt, sich von dem „Mutterland“ zu lösen? Oder wie schätzte er das Verhältnis zu Spanien ein? Das Schicksal der hingerichteten Patres hatte gezeigt, wie gefährlich es war, auch nur andeutungsweise in der Kolonie selbst das Abhängigkeitsverhältnis von Spanien in Frage zu stellen. Was nicht verhindert werden konnte, sondern im Gegenteil jede Förderung fand, waren literarische Wettbewerbe, bei denen wie beiläufig erwähnt Rizal Jahr für Jahr die ersten Preise erzielte. Wie äußerte sich Rizal hier?

Betrachtet man die preisgekrönten Gedichte, so sind darunter durchaus einige, in denen bereits deutlich ein Nationalgefühl zum Ausdruck kommt, wie z.B. 1879 in dem Gedicht „An die philippinische Jugend“, mit Sätzen wie „bella esperanza de la patria mia“. Aber es wäre abwegig, daraus auf etwaige politische Implikationen schließen zu wollen. Rizal fordert seine Landsleute lediglich auf, Ruhm zu suchen, indem sie sich mehr den schönen Künsten widmen und diese, die seit geraumer Zeit darniederliegen, wieder zum Leben zu erwecken und zur Blüte zu bringen: Der Dichter, der Sänger, der Bildhauer, der Maler, sie alle sind aufgerufen, daran mitzuwirken. Damit sprach er nicht nur die Bereiche an, in denen er selber Überdurchschnittliches leistete, sondern folgte auch genau der Forderung des Themas eines Wettbewerbs des Liceo Artistico Litarario de Manila, der sich zur Pflege der schönen Künste zusammengefunden hatte. Jedenfalls erregte der Tenor des Gedichtes bei dem sich ganz aus Spaniern zusammensetzenden Preisgericht nicht den geringsten Argwohn.

Ein anderes Werk, diesesmal ein Schauspiel mit dem Titel „An den Ufern des Pasig", das im Jahre 1880 im Ateneo aufgeführt wurde, enthält eine Szene, wo bei der Einholung der heiligen Madonna von Antipolo zur Prozession in Manila einer Gruppe von zuschauenden Filipinos der Teufel in Gestalt eines heidnischen Priesters aus vorkolonialer Zeit erscheint. Rizal läßt den Priester erklären, das Unglück der Philippinen habe begonnen, als man sich von seinem Kult abgewendet habe. Jetzt seufze das Land unter fremder Herrschaft, aber er werde es befreien, wenn man vor ihm niederfalle und ihn anbete.

Die Parallele zur Versuchung Christi auf dem Berge ist so offensichtlich, daß die Filipinos den Teufel leicht erkennen und ihn höhnisch fragen, wenn er so mächtig sei, warum er dann überhaupt die Herrschaft an die Christen abgetreten habe? Darauf weiß der Satan keine Antwort, und er wird von einer Engelschar vertrieben, während die Filipinos ihre Madonna anbeten können, die majestätisch auf dem Fluß an ihnen vorübergleitet.

Auch hier könnte nur mit einer bedenklichen Umkehrung der eigentlichen Aussagen von einem Zeugnis eines frühen philippinischen Nationalismus gesprochen werden. Auch in seinen schärfsten Anklagen gegen die Exzesse spanischer und mönchischer Herrschaft in den Philippinen ist Rizal nie so weit gegangen, die Einführung des Christentums selbst als Fehlentwicklung anzudeuten. Es geht ihm hier, im Ateneo Municipal, eher darum, die Standfestigkeit der jungen Filipinos in ihrem Glauben zu demonstrieren.

Sicherlich, hier wie dort stehen Filipinos in der Bewährungsprobe, nicht irgendwelche anderen Volksgruppen aus der Geschichte oder der Gegenwart. Und es ist ganz offensichtlich das Bemühen des jungen Rizal, sie als zuverlässig und den Spaniern ebenbürtig darzustellen, ähnlich wie es Pater Burgos bei seinem Einsatz für den philippinischen Klerus getan hatte. Auch er hatte nicht den Abzug der Spanier oder die Trennung von dem Mutterland gefordert, sondern nur gegen die rassische Diskriminierung der

„Indios“ durch die Ordensgeistlichen protestiert. Das aber hatte bereits genügt, in ihm einen Aufrührer zu sehen. Soweit gegangen war Rizal noch nicht. Aber sein Bemühen um ein gutes Image der „bella esperanza de la patria mia“, der philippinischen Jugend, führte in seiner Konsequenz in die gleiche Richtung.

Leicht konnten die Zensurbehörden in Manila daher argwöhnisch werden, wenn sich solche Hymnen mehrten. Dies wurde möglicherweise auch in dem Plan berücksichtigt, Rizal für eine Zeit nach Spanien gehen zu lassen, um dort seine medizinischen Studien fortzuführen. Ob es noch andere Gründe gab, wie einige Stellen in Briefen von Rizal und Paciano gelegentlich andeuten, etwa im Sinne von Burgos in Spanien auf Reformen in der Kolonie zu drängen, darüber wird in der Rizal-Literatur gelegentlich spekuliert (Coates, S. 51ff.; Guerrero, S. 82ff.). Aber es gibt keine Anhaltspunkte für weitere konkrete Pläne, die Rizal in Europa verfolgen sollte.

III.

Student in Europa

Rizal verließ die Philippinen Anfang Mai 1882. Auf der *Djennah*, dem Schiff der Messageries Maritimes, das ihn von Singapur nach Marseille brachte, erlebte er zum ersten Mal das Hochgefühl, von Europäern als Gleicher unter Gleichen angesehen zu werden. Engländer, Franzosen, Holländer behandelten ihn wie ihresgleichen, was ihn seinem Aufenthalt in Europa mit gesteigerten Erwartungen entgegensehen ließ. Die aus den Philippinen nur zu vertraute spanische Einteilung der Menschen in Kasten (Peninsulares – Kreolen – Mestizen – Indios) holte ihn zwar schon kurz nach seiner Ankunft in Barcelona (Mitte Juni 1882) wieder ein, aber es gab auch große Unterschiede zur provinziellen Engstirnigkeit in der Kolonie. Begeistert berichtet er schon in seinen ersten Briefen von der Glaubensfreiheit, Presse- und Redefreiheit in einem für europäische Begriffe der damaligen Zeit ja doch nicht gerade an der Spitze des Fortschritts stehenden Spanien. In Barcelona könne auf der Plaza Cataluna mitten im Zentrum der Stadt ein Redner lauthals für die Abtrennung Cataloniens vom spanischen Reich plädieren, und wenn er nicht gerade einen Tumult verursache, dann nähme sich die Guardia Civil nicht einmal die Zeit, um ihm zuzuhören! Man sollte sich auf den Philippinen so etwas nur einmal vorzustellen versuchen!

Von Barcelona aus fuhr Rizal weiter nach Madrid, wo er sich noch im Herbst des gleichen Jahres an der Universidad Central in Medizin und einigen Fächern der Philosophischen Fakultät einschrieb und bald ein ernsthaftes Studium begann. In Madrid gab es auch einen *Circulo Hispano-Filipino*. Hier trafen sich die wenigen in Madrid studierenden philippinischen Studenten mit Geschäftsleuten und früher in den Philippinen tätigen spanischen Beamten und Soldaten. Da darunter auch Spanier anzutreffen waren, die früher einmal mit der Reformpolitik sympathisiert hatten, wie sie etwa von Generalgouverneur Terrero nach 1868 auf den Philippinen versucht worden war, trat Rizal diesem Circulo mit großen Erwartungen bei.

Er war aber bald von der Arbeit des Circulo enttäuscht. Vorschläge, die sich für Reformen auf den Philippinen einsetzten, wurden z.Zt. überhaupt nicht diskutiert. Nicht einmal die dringlichste aller Forderungen, die Repräsentation der Philippinen in der spanischen Cortes, konnte mit dem Circulo aufgestellt werden. Dieses Recht war in der neuen Verfassung von 1876 nach der Restauration der Bourbonen-Monarchie unter Alfons XII. sogar Cuba und Puerto Rico zugestanden worden. Die Philippinen aber hatten gar keine Möglichkeit, auf die sie betreffende Politik in Spanien Einfluß zu nehmen.

Der *Circulo Hispano-Filipino* entpuppte sich als ein Club, der solche politischen Forderungen eher abbremste und zur Vorsicht riet. Mit ihm konnte kein Fortschritt für die Philippinen durchgesetzt werden, er verlor dann auch rasch seine Bedeutung und löste sich im Jahre 1883 bereits auf.

Noch enttäuschter war Rizal anfänglich von seinen Landsleuten, den philippinischen Studenten, die sich unter allerlei Ausflüchten bisher weder um ihr Studium noch um die Vertretung der Interessen der Philippinen gekümmert hatten. Bei ihnen setzte Rizal zunächst mit seinen Bemühungen an, um sie zu einem positiven Engagement für Reformen in seinem Heimatland zu gewinnen. Der Erfolg ließ nicht auf sich warten. Aus diesen ersten Anfängen wuchs die sogenannte Propaganda-Bewegung, die ihren Höhepunkt 1889 mit der Herausgabe von *La Solidaridad* fand (s.u.).

Mit seiner Ernsthaftigkeit beeindruckte Rizal auch Dr. Miguel Morayta, Professor für Geschichte an der Universidad Central de Madrid, der ihn zu seinem Diskussionskreis über Gedankenfreiheit einlud und ihm Verbindungen zu einflußreichen spanischen Politikern (Pi y Margall, Manuel Becerra) und Denkern (Miguel de Unamuno) aus dem Lager der Liberalen ermöglichte.

Die Diskussionen mit den Liberalen haben dazu geführt, daß der Zögling der Jesuiten, der Oden an das Christuskind gedichtet hatte, jetzt auch bei Freidenkern und Atheisten in die Schule ging. Seine Religiosität begann sich zu wandeln, wie auch seine Einschätzung politischer Möglichkeiten: Um Reformen bitte man nicht auf den Knien, sie müßten mit Kugeln gefordert werden, sonst erhalte man sie nie, hatte man ihn belehrt. Und wenn auch Rizal nicht mit allen Vorschlägen der Liberalen einverstanden war, ihn beeindruckte zutiefst, daß es möglich war, die politischen und weltanschaulichen Auseinandersetzungen in aller Offenheit durchzuführen. Dadurch fühlte sich Rizal ermutigt, bei eigenen Beiträgen in Zeitungen und Zeitschriften oder bei öffentlichen Reden die früher geübte Zurückhaltung allmählich aufzugeben und genau das zum Ausdruck zu bringen, was ihn bedrückte.

Der erste bedeutendere Anlaß bot sich dazu im Juni 1884, als er gerade mit gutem Erfolg die Staatsprüfung in Medizin und den gewählten Fächern der philosophischen Fakultät (Geschichte, Griechisch und Latein) auf der Universität in Madrid abgelegt hatte. Zu dieser Zeit hatten zwei philippinische Kommilitonen, Juan Luna und Resurreccion Hidalgo, einen ersten und zweiten Preis bei einem Wettbewerb für Bildhauer- und Malerarbeiten gewonnen, so daß von einer unabhängigen Jury jetzt öffentlich die von Rizal schon stets behauptete „Gleichheit" oder Gleichwertigkeit der Rassen bestätigt worden war. Rizal hielt die offizielle Rede bei einem Empfang für die jungen Künstler und ging dabei ausführlich auf das Verhältnis der beiden Völker, der Spanier und der Filipinos, zueinander ein: daß Spanien seit hunderten von Jahren wie bei einem Mutter-Kind-Verhältnis die idealen Voraussetzungen auch für eine künftige Gemeinsamkeit geschaffen habe, daß zwar im Augenblick Fanatismus, Vorurteil und Unrecht diese dauerhafte Einigkeit zu verhindern trachteten, daß eine Gegenbewegung die Saat der Zwietracht säe, Korruption verbreite. Aber diesen Kräften werde es nicht gelingen, das Verhältnis dauerhaft zu zerstören. Aus diesem Grunde habe man sich auch hier versammelt, um der Umarmung zweier Rassen Ausdruck zu geben, die sich lieben und die sich brauchen, um auch in der Zukunft eine einzige Nation im Geiste bei gleichen Pflichten, Hoffnungen und Privilegien zu bilden! Spezielle Toaste wurden auf die beiden Maler, auf die Jugend der Philippinen und auf Mutter Spanien ausgebracht, damit endlich die Reformen verwirklicht würden, die schon so lange geplant worden seien. Rizal vergaß schließlich auch nicht, der Väter und Mütter zu gedenken, die den Weg ihrer Söhne nur aus der Ferne mitverfolgen können.

Mit dieser Rede, die sowohl in Spanien als auch in den Philippinen wegen ihrer ungewöhnlichen Freimütigkeit Aufsehen erregte, war die „Lehrzeit" Rizals gewissermaßen abgeschlossen. Sie war sein Gesellenstück. Die heftig von ihm attackierten Kräfte der Reaktion, „des Fanatismus, des Vorurteils und des Unrechts" in Spanien sowohl wie auf den Philippinen – und wer wußte nicht, daß damit in erster Linie die geistlichen Orden gemeint waren – kannten jetzt ihren Gegner der kommenden Jahre und begannen, sich auf ihn einzustellen.

Von Kalamba kamen verschiedene Nachrichten, daß man Rizal abrate, nach Hause zurückzukehren, er habe sich viele Feinde geschaffen; es kam auch ein bewegender Brief seiner Mutter, die ihn dringend darum ersuchte, seine Aufgabe als guter Christ nicht zu vernachlässigen, das sei wichtiger als Kenntnisse zu sammeln, die uns nur zu oft ins Unglück stürzen! Weil dies ihr letzter Brief sein könnte, solle er ihn wohl beherzigen!

Auf diesen Appell ging Rizal in seiner Antwort ausführlich ein, und seine Ausführungen geben auch einen guten Aufschluß über die Religiosität Rizals nach seiner Begegnung mit Liberalismus und Freidenkertum: „Im Hinblick auf das, was Du als meine Pflichten als Christ bezeichnest, kann ich Dir mit gutem Gewissen sagen, daß ich bisher noch keinen Augenblick die fundamentalen Grundsätze unserer Religion bezweifelt habe. Der Glaube meiner Kindheit ist Überzeugungen aus der Jugendzeit gewichen, die sich mehr und mehr verdichten. Glaubenssätze, die einer Prüfung nicht standhalten, müssen das Herz verlassen und in die Erinnerung überwechseln. Ich möchte weder mit Illusionen noch mit Lügen leben. Was ich jetzt glaube, glaube ich verstandesmäßig, denn mein Gewissen kann nur akzeptieren, was mit Vernunft erklärbar ist. Ich kann mein Haupt beugen auch vor Dingen, die mir unerklärlich sind, aber nicht vor

Absurditäten oder bloßen Möglichkeiten. ... Ich glaube nicht, daß Gott mich strafen wird, wenn ich versuche, mich ihm zu nähern, indem ich Verstand und Vernunft, seine kostbarsten Gaben, gebrauche.“ (E.R., I, 136.) Dem Ratschlag seines Vaters, sich völlig aus der Politik herauszuhalten, folgte Rizal nicht, denn in dieser Zeit hatte er bereits mit der Niederschrift seines Romans „Noli me tangere“ begonnen, der die in der Rede zu Ehren der philippinischen Maler gemachten Aussagen in einer noch viel anschaulicheren Form wiederholen und untermauern sollte. Aber in Spanien blieb Rizal nun nicht länger. Seinen Plan, im Studienjahr 1884/85 seine medizinische Doktorarbeit zu schreiben, gab er auf, als im November 1884 die Universität in Madrid in eine Krise geriet, die zeigte, daß auch in Spanien die „geistige Freiheit“ noch ihre engen Grenzen hatte. Studenten (darunter Rizal) hatten gestreikt, als einigen liberalen Professoren auf Grund des Drucks von kirchlichen Behörden die Lehrbefugnisse entzogen werden sollte. Darauf waren Soldaten in die Universität eingerückt, und es hatte Schießereien und viele Verletzte gegeben. Rizal sah unter diesen Umständen eine sinnvolle Fortsetzung seines ohnedies mit dem Staatsexamen (Lizentiat) abgeschlossenen Studiums nicht mehr gewährleistet, und er verwirklichte in den kommenden Jahren, was er seit seiner Ankunft in Spanien plante: auch andere Länder in Europa kennenzulernen.

Zunächst fuhr er 1885 nach Paris, wo er 1883 schon einmal kurz gewesen war. War jener erste Besuch mehr aus dem Wunsche erfolgt, die Stätten der französischen Revolution und seiner literarischen Helden (von Voltaire über Victor Hugo, Emile Zola bis Alexandre Dumas) zu sehen, so galt der zweite Aufenthalt bis Anfang 1886 jetzt seiner Spezialisierung in der Augenheilkunde. In der Klinik von Dr. Wecker, der wegen seiner Augenoperationen weltweite Berühmtheit genoß, konnte Rizal für einige Monate hospitieren und bei dem Arzt Spezialkenntnisse erwerben, die er dereinst bei seiner eigenen Mutter anzuwenden hoffte.

Von Paris aus fuhr er im Februar 1886 nach Heidelberg weiter, wo Professor Otto Becker die Augenklinik leitete, die ihm wegen der hier durchgeführten Spezialuntersuchungen des Augengrundes

Das Geburtshaus Rizals in Calamba, Provinz Laguna;
nach seiner Zerstörung (1890) im 20. Jahrhundert originalgetreu restauriert.
Fundort: Du Mont-Verlag, Köln 1986, Philippinen. Reise-Handbuch, Roland Dusik, S. 165.

Dorfszene auf den Philippinen gegen Ende des 19. Jahrhunderts.

Fundort: W.C. Forbes, Philippine Islands (1928), S. 112. Neuauflage 1945. – Cambridge, Harvard-Univ.-Press, Neudruck 1975.

besonders empfohlen worden war. Damit begann seine „love affair" (Guerrero) mit Deutschland und den Deutschen, die ihn in mehrfacher Weise für sich einzunehmen verstanden. Es begann mit den Heidelberger Studenten, die ihn, ohne sich um seine Herkunft zu kümmern, sogleich in ihre Mitte aufnahmen, auch wenn man sich zunächst noch auf Latein zu verständigen hatte. Aber Rizal hatte wieder einmal, wie schon an Bord des Schiffes, das ihn nach Europa brachte, das Erlebnis, Gleicher unter Gleichen zu sein, was ihn der stets als lästig empfundenen Pflicht enthob, den Unterschied zwischen „Indios" und „zivilisierten Europäern" zu erklären. Sodann faßte Rizal bald Zuneigung zu der Ordnungsliebe und Geradlinigkeit der einfachen Deutschen, deren Arbeitseifer er sich für seine Filipinos wünschte; jedenfalls war die Bekanntschaft mit der ländlichen Bevölkerung zwischen Neckar und Odenwald für ihn ein willkommener Kontrast zu der städtischen Schickeria in Barcelona, Madrid und Paris. Hinzu kamen sodann die tieferen Kontakte mit deutschen Geistlichen und Wissenschaftlern, wozu in diesem Falle auch der aus Leitmeritz in Böhmen stammende Gymnasiallehrer Ferdinand Blumentritt gezählt werden soll, der sich aus eigenem Interesse getrieben und ohne Anbindung an eine Universität zu einem der besten europäischen Philippinenkenner seiner Zeit entwickelt hatte. Mit ihm verband Rizal eine bis ans Ende seines Lebens währende enge Freundschaft. Bevor Rizal mit Ferdinand Blumentritt persönlich in Verbindung trat, traf er den protestantischen Pfarrer Karl Ullmer aus Wilhelmsfeld, ein paar Stunden Waldweg von Heidelberg entfernt, im Odenwald. Pfarrer Ullmer, der Rizals Wanderlust teilte, gab ihm Gelegenheit, auf langen Spaziergängen sein inzwischen erlerntes Deutsch bei der Diskussion religiöser Themen zu praktizieren, und er lud ihn schließlich auch ein, in seinem Pfarrhaus in Wilhelmsfeld zu wohnen.

Dort wurden dann die letzten Korrekturen an dem inzwischen fast fertiggestellten „Noli me tangere" vorgenommen. Auf diesen Roman wird im nächsten Kapitel ausführlich eingegangen. Wichtig ist hier nur die Feststellung, daß die Änderungen, die von Rizal jetzt am Manuskript vorgenommen wurden, Milderung zu heftig geratener Polemik, Einbau versöhnlicher Gesten in der Auseinandersetzung mit den Mönchen waren. Rizal hat später dazu erklärt, daß er durch den Geist der Toleranz der religiösen Gespräche mit Pfarrer Ullmer und mit dessen Freund und katholischem Amtsbruder, Pater Heinrich Bardorf, der gelegentlich nach Wilhelmsfeld auf Besuch kam, dazu bewogen worden sei. Die hier im Odenwald bereits praktizierte Ökumene nach jahrhundertelangen konfessionellen Auseinandersetzungen in Deutschland hatte Rizal, der inzwischen in religiösem Sinne keine „Partei" mehr war, tief beeindruckt. Er wünschte sie auch für sein eigenes Volk, die Filipinos, als Zukunftsperspektive, auch wenn zunächst in der Auseinandersetzung mit den Unterdrückern ein neues eigenes Selbstwertgefühl entwickelt werden mußte.

Rizal erlebte in Heidelberg noch die 500-Jahr-Feier der Universität (Juli 1886) und verließ die Stadt Anfang August zu einer Dampferfahrt den Rhein hinunter bis nach Köln. Dann reiste er nach Leipzig weiter. Er hoffte dort, einen billigen Verleger für sein Buch finden zu können, hatte aber keinen Erfolg und fuhr nach kurzer Zeit weiter nach Berlin, wo er den Winter mit letzten Korrekturen verbrachte. In Berlin traf er mit einem philippinischen Studienkollegen aus der Zeit in Madrid zusammen, Maximo Viola, der ihm schließlich das Geld für den Druck des Buches vorschoß. Rizal lebte damals halbverhungert und mit Anzeichen einer beginnenden Lungenentzündung in einer ungeheizten Berliner Wohnung, da die Geldzuweisungen seines Bruders aus Calamba wegen wirtschaftlicher Schwierigkeiten auf der Hazienda in den letzten Zeiten knapper geworden waren.

Dennoch war die Zeit in Berlin für Rizal der Höhepunkt seines bisherigen Lebens: Das Buch wurde gedruckt, die ersten Exemplare konnten im März 1887 versandt werden. Daneben war Rizal eine Ehrung zuteil geworden, die von der großen Vielfalt seiner Interessen und Fähigkeiten zeugt. Er war im Februar 1887 Mitglied der Berliner Ethnologischen Gesellschaft geworden. Blumentritt, mit dem Rizal inzwischen regelmäßig korrespondierte, hatte ihm ein Empfehlungsschreiben an den Berliner Geographen und Ethnologen Feodor Jagor geschickt, der 1859/60 in den Philippinen gewesen war und 1873 darüber sein Buch „Reisen in den Philippinen" publiziert hatte. Jagor lernte Rizal schnell schätzen und führte ihn in der Berliner Professorenschaft ein, wo sich Rudolf Virchow für Rizal zu interessieren begann. Sowohl politisch (Virchow war damals im Deutschen Reichstag Mitglied der Deutschen Freisinnigen Partei) als auch fachlich als Mediziner mit besonderem Interesse an der Anthropologie gab es Anknüpfungspunkte zwischen dem damals hochangesehenen Professor für Pathologie der Berliner Universität und dem jungen Filipino, der am Beginn einer vielversprechenden Karriere zu stehen schien.

Diese Wertschätzung führte auf Antrag Virchows zur Aufnahme Rizals in die Ethnologische Gesellschaft, wobei Rizal einen Vortrag (in deutscher Sprache!) über die „Metrik in Tagalog-Versen" hielt, ein Thema, über das er damals auch gelegentlich mit Blumentritt korrespondierte. In Madrid hatte er bei der akademischen Abschlußfeier nach seinem Staatsexamen noch einen Vortrag über biblische Fragwürdigkeiten auf Grund fehlerhafter Übersetzungen aus dem Hebräischen gehalten. Diese Themen zeigen die Spannweite des Wissens von Rizal, das er auch in Zukunft auf verschiedenen Gebieten durch gründliche Studien noch vermehrte.

So hatte er schon damals den Wunsch, auch ein Buch über die Philippinen vor Ankunft der Spanier zu schreiben, um der Frage nachgehen zu können, welche Entwicklungschancen die philippinischen Völker ohne die europäischen Interventionen gehabt hätten. Gerade in der Auseinandersetzung mit den geistlichen Orden, die schon im Brennpunkt des *Noli me tangere* stand und die durch dessen Verbreitung noch intensiviert werden sollte, gab es einen großen Bedarf an Daten über die traditionelle philippinische Gesellschaft, ihre sozialen Organisationsformen, ihre Sprache, Kultur, Religion etc. Nur durch eine systematische Untersuchung der philippinischen Frühzeit konnten diese gewonnen werden.

Als Rizal sich nach einem kurzen Zwischenaufenthalt in den Philippinen dieser Frage zuwandte, begann er konsequent mit der Lektüre alles des zu dieser Fragestellung im British Museum in London erreichbaren Materials. Als aufschlußreich erwiesen sich die ersten Berichte der Spanier und unter ihnen vor allem Antonio de Morgas „Sucesos de las Islas Filipinas", das 1607 in Mexiko erschienen war. Darauf entschloß sich Rizal, das Buch dieses gut informierten Mitgliedes der „Real Audienzia" von Manila, der auch einmal das Amt des Generalgouverneurs verwaltet hatte, neu herauszugeben und nach dem heutigen Kenntnisstand zu kommentieren. Wie ein paar Jahrzehnte vor ihm Karl Marx – mit dessen Gedanken er sich nach unserem Wissen nie ernsthaft auseinandergesetzt hat – saß Rizal 1888/89 im Reading Room des British Museum, um sich das für die Kommentare notwendige Wissen anzueignen. Das Buch erschien dann im Januar 1890 in Paris mit einem Vorwort von Blumentritt. Er hatte ihn an den deutschen Indologen Reinhold Rost verwiesen, der in London an der India Office Library tätig war, und dieser hatte ihn zuerst auf Antonio de Morga aufmerksam gemacht.

Zieht man eine vorläufige Bilanz, dann sieht man aus diesen Stationen, die nicht einmal vollständig aufgezählt sind, daß sich Rizal in Europa selbst wie auch in dessen geistigen Traditionen in zunehmendem Maße zu Hause fühlte. Abgesehen von den Vertretern der spanischen Macht oder den Kolonialpartriarchen, für die ein Indio eben ein Indio blieb, hatten Rizals Gesprächspartner, ob in Paris oder Heidelberg, in Berlin oder London weder Scheu noch Skrupel, diesen so umfassend gebildeten jungen Mann als ihresgleichen zu akzeptieren. Rizal, der in den bekanntesten Biographien als der „große Malaie", der „Stolz der malaiischen Rasse" oder der „erste Filipino" gefeiert wird, war eher zum Europäer geworden. Das besagt natürlich nicht, daß sein Hauptanliegen nicht dem philippinischen Volk gegolten hätte. Er war nach Europa gekommen, um sich dort für die Verbesserung der Verhältnisse in seiner Heimat einzusetzen, er verließ es mit dem gleichen Willen, bereit, für seine Aktivitäten mit seinem Leben zu bezahlen. Denn als „Europäer" kannte er auch die Schwachpunkte der Europäer, und dank seiner großen schriftstellerischen Begabung verstand er es auch, diese auf eine ungemein wirkungsvolle Art bloßzustellen.

IV.

Noli me tangere – der Befund eines Arztes

Das Buch, das Mitte März 1887 in spanischer Sprache bei der Berliner Buchdruckerei-Actiengesellschaft, dem billigsten Drucker, den Rizal in Berlin auffinden konnte, erschien, ist vielleicht kein literarisches Kunstwerk im Sinne einer überzeugenden Nachzeichnung der Entwicklungsphasen seiner tragenden Gestalten, aber es kann in seiner Wirkung auf die Philippinen und in seiner Bedeutung bei der Herausbildung eines philippinischen Nationalbewußtseins kaum überschätzt werden. Das, worum es dem Arzt und Schriftsteller Rizal mit seinem Roman geht, hat er im Vorwort „An mein Vaterland" wie folgt beschrieben:

Unter den menschlichen Krankheiten gäbe es ein Krebsgeschwür, so bösartig, daß es sich schon bei der geringsten Berührung entzünde und die größten Schmerzen verursache (deshalb auch der Titel „Rühre mich nicht an", B.D.). Ein solches Krebsgeschwür glaube er auch aus der Ferne bei der philippinischen Gesellschaft diagnostizieren zu müssen. Er wolle es auf den folgenden Seiten beschreiben, um, wie in früheren Zeiten, als die Kranken auf den Stufen zu den Tempeln der Götter aufgestellt wurden, durch göttlich inspirierte Sachkundige vielleicht doch noch Heilung zu erhalten. Aus diesem Grund wolle er seinem Volk einen Spiegel vorhalten, wahrhaft und unbarmherzig und den Schleier lüften, der das Krebsgeschwür verhülle, bereit, der Wahrheit alles zu opfern, auch die Eigenliebe, denn die diagnostizierten Schwächen seien auch seine eigenen als Sohn des Landes.

Der Handlungsrahmen der Diagnose ist rasch skizziert: Ein junger Filipino, Crisostomo Ibarra, kehrt nach jahrelangem Europa-Aufenthalt in die Philippinen zurück und will von seinen Ersparnissen einen Beitrag zur raschen Entwicklung seines Heimatlandes leisten, den er am besten in der Errichtung einer modernen Schule gewährleistet sieht. Bald stellt Ibarra fest, daß ihm von Mönchen, die von den von ihm erstrebten Reformen nichts wissen wollen, entgegengearbeitet wird. Und dieser mönchische Widerstand hat System. Ibarra findet heraus, daß sie bereits unter falschen Anschuldigungen die Einweisung seines Vaters in ein Gefängnis veranlaßt hatten und damit auch die eigentliche Schuld an dessen dort eingetretenem Tod tragen. Schlimmer noch, sie hatten dem Vater sogar ein Begräbnis in geweihter Erde verweigert und seinen Leichnam in einen Fluß werfen lassen. Argwöhnisch geworden merkt jetzt Ibarra, daß die Mönche auch versuchen, seine Braut Maria Clara von ihm zu trennen und mit einem der katholischen Kirche genehmeren Mann zu verheiraten. Der Konflikt spitzt sich zu, weil Ibarra zurückzuschlagen beginnt. Schließlich versuchen die Mönche, ihm die Verantwortung für einen Aufstand anzulasten. Ibarra wird verhaftet, aber mit Hilfe eines edlen Rebellen, Elias, gelingt die Flucht, wobei sich Elias für Ibarra opfert, als die Häscher ihnen auf die Spur gekommen sind. Da man den Getöteten zunächst für Ibarra hält, geht die verzweifelte Maria Clara ins Kloster. Beigetragen hat zu diesem Entschluß auch die späte Erkenntnis, daß sie nicht die Tochter des Gobernadorcillos Tiaso war, sondern des Franziskaner-Paters Damaso, der von Anfang an als die treibende Kraft hinter den Verfolgungen des reformwilligen Ibarra zu erkennen ist.

Soweit der Handlungsgang des Romans. Das „Krebsgeschwür“ ist bald auszumachen. Es ist die Allmacht der Mönche auf den Philippinen, die „Frailocracia“ oder Mönchsherrschaft, die auch von anderen Mitgliedern der Propaganda-Bewegung (s.u.) der Filipinos in Europa jetzt in Aufsätzen oder Stellungnahmen immer offener attackiert wird. Dieses ist aber nicht nur das „Verdienst“ der Mönche selbst, sondern ebenso sehr das der Gesellschaft, die sich das herrschsüchtige Auftreten der Orden bieten läßt! Schuld daran sind vor allem Filipinos, die vor den Mönchen kuschen oder sich für kleine Gunstbeweise korrumpieren lassen.

Die Personen des Romans sind dann auch weniger als Charaktere denn als Typen dargestellt, blaß der eine Mönch, prall der andere, aber herrschsüchtig sind beide; korrupt oder devot sind ihre Stützen in der Gesellschaft, mehr den egoistischen Interessen ergeben als dem Wohl der Allgemeinheit. Und alle sind mit recht kräftigen Konturen gezeichnet, so daß der Leser den anderen oder auch sich selbst besser wiedererkennen kann.

In der Schilderung der Szenen und Situationen und des ganzen „Gepräges" zeigt sich die große darstellerische Kunst Rizals. Er war eben auch ein vorzüglicher Maler mit dem Blick für das kleine aber aufschlußreiche Detail, was den Roman auch zu einer einzigartigen kulturgeschichtlichen Quelle für die Philippinen Mitte des 19. Jahrhunderts werden läßt.

Die konkrete politische Botschaft ist ebenfalls deutlich. Es geht um Reformen, die von den Mönchen hintertrieben werden, weil sie auf die Dauer Konsequenzen befürchten, die dann nicht mehr zu kontrollieren sind. Beispiele dafür gibt es in der Geschichte der Auflösung des spanischen Weltreiches genug. Gerade deshalb hat man versucht, die Philippinen als Hort der Reaktion einzurichten, Zensurbehörden geschaffen und den Unterricht auf einem Niveau gehalten, der den „Fortschritt" und, möglicherweise auch diesem zwingend folgend, die Autonomie oder die Sezession der Philippinen verhindert.

Letzteres, die Unabhängigkeit von Spanien, wird in dem Roman nicht verlangt, sie steht aber wohl als Möglichkeit im Hintergrund, wenn dem Emanzipationsstreben innerhalb des spanischen Reiches keine adäquaten Entfaltungsmöglichkeiten geboten werden.

Ausführlich wird die Frage diskutiert, was geschehen soll, wenn die Spanier so uneinsichtig bleiben wie bisher, wenn dem Wunsch nach Rechtssicherheit, nach Einschränkung der Willkür der Mönche und der Guardia Civil, nach Presse- und Redefreiheit und nach der Repräsentation in der spanischen Cortes nicht nachgegeben wird. Rizal ist sich darüber offensichtlich selbst noch nicht ganz schlüssig, das wird in den Dialogen deutlich, die Elias und Ibarra über diese Frage führen.

Zunächst will Ibarra nichts von einem eventuellen Aufstand hören, dessen Möglichkeit Elias andeutet, um die Reformen zu erzwingen: „Ich würde niemals derjenige sein, der den Pöbel anführt, um etwas zu erzwingen, was die Regierung nicht als opportun erachtet! Wenn ich sehe, daß das Volk sich zu einem Aufstand rüstet, würde ich die Seite der Regierung wählen, weil ich mein Volk in diesem Pöbel nicht wiedererkennen würde. Ich will das Beste meines Vaterlandes, darum baue ich das Schulhaus, denn ich sehe das Beste nur durch Erziehung und allmählichen Fortschritt gewährleistet." (Noli, S. 320.) Nachdem jedoch Ibarra über das ganze Ausmaß der gegen ihn gesponnenen Intrigen informiert ist, will er plötzlich einen Aufstand gegen seine Feinde führen. Diesem „Umschlag" von einem ins andere Extrem geht kein entwicklungsartiger Prozeß voraus. Er kommt völlig unerwartet. Jetzt ist es Elias, der bremst und warnt: „Sie können natürlich ohne Mühe einen Krieg anzetteln! Sie haben den Verstand und das Geld dazu, und Sie werden mit Leichtigkeit den nötigen Anhang finden. Aber in diesem Kampf werden die Unschuldigen und die Schutzlosen am meisten zu leiden haben. Dieselben Gefühle, die mich damals bewogen haben, Sie um Reformen zu bitten, bewegen mich heute, wenn ich Sie zum nochmaligen Nachdenken auffordere. Unser Land will noch keine Unabhängigkeit vom Mutterland. Es will nicht mehr als ein bescheidenes Maß von Freiheit, von Gerechtigkeit und Liebe. Die ewig Unzufriedenen, die Kriminellen, die würden Ihnen zulaufen, aber das Volk würde sich fernhalten. Auch ich würde Ihnen nicht folgen. Ich würde niemals zu so extremen Maßnahmen greifen, solange ich noch Hoffnung in den Menschen sehe." (ibid., S. 388f.) Elias und Ibarra, die in dieser Frage ganz offensichtlich das ego und das alter-ego Rizals verkörpern, können sich also nicht einigen, schließen aber im Prinzip eine bewaffnete Auseinandersetzung für den Fall nicht aus, daß Spanien auch auf die Dauer die Wünsche nicht berücksichtigen will, die hier noch einmal in gebündelter Form präsentiert werden. Rizal ist also kein Pazifist, der grundsätzliche Gewaltlosigkeit predigt. Daß die Möglichkeit der Gewaltanwendung zu dieser Zeit Rizals tatsächliche Meinung war, wird aus Briefen an den ihm inzwischen in enger Freundschaft verbundenen Blumentritt deutlich, den er zum ersten Male kurz nach Erscheinen seines Buches in dessen Heimatort Leitmeritz in Böhmen aufgesucht hatte. Bevor Rizal noch im gleichen Sommer Europa verließ, um auf die Philippinen zurückzukehren, schrieb er am 19.6.1887 aus Genf: „Ich versichere Dir, ich habe keinerlei Absichten, an irgendwelchen Konspirationen teilzunehmen, die scheinen mir noch verfrüht und zu riskant zu sein. Aber wenn uns die Regierung dazu treibt, wenn uns wirklich keine andere Wahl mehr bleibt als im Krieg auch unsere Selbstzerstörung zu riskieren, wenn die Filipions vorziehen zu sterben, statt noch länger ihr Elend zu erdulden, dann würde auch ich mich einem gewaltsamen Aufstand anschließen. Die Wahl zwischen Frieden und Zerstörung liegt also in der Hand Spaniens.“ (RBC II, 105.) Als Rizal Anfang August 1887 nach fünfjähriger Abwesenheit wieder in den Philippinen eintraf, hatten erst einige wenige Filipinos sein Buch gelesen, aber überall wurde bereits davon gesprochen. Es gelang, einige Kopien von *Noli me tangere* an der Zensurbehörde vorbei in einige Buchhandlungen in Manila zu schmuggeln, die dort offen verkauft wurden. Aber schon nach wenigen Tagen waren die Vorräte erschöpft, und die im Zoll liegenden weiteren Bände wurden vorerst nicht mehr herausgegeben. Erste kritische Kommentare erreichten den Erzbischof und der informierte seinerseits den Generalgouverneur, das Buch enthalte ketzerische, respektlose, ja geradezu skandalöse Teile, was die Religion betreffe. Es sei darüber hinaus unpatriotisch, subversiv und eine Gefahr für die öffentliche Ordnung und man solle verbieten, daß es in den Philippinen zirkuliere.

Generalgouverneur Terrero empfing darauf Rizal zu einem Gespräch, teilte ihm die Bedenken mit und bat ihn, ihm eine Kopie des Buches zu besorgen, er wolle sich sein eigenes Urteil bilden. Daneben berief er eine unabhängige Kommission ein, in der auch nichtklerikale Mitglieder über den Wert des Buches und seine Verbreitung auf den Philippinen befinden sollten. Schließlich stellte er Rizal für die Dauer seines Aufenthaltes für seinen persönlichen Schutz einen jungen spanischen Leutnant der Guardia Civil, José Taviel de Andrade, zur Seite, der ihn in den kommenden Monaten überall hin begleitete.

Damit entsprach der Generalgouverneur so ziemlich genau dem Idealbild, was sich Rizal von dem obersten Repräsentanten der spanischen Herrschaft gemacht und in seinem Roman auch so dargestellt hatte. Der Generalgouverneur, mit dem Ibarra es zu tun hatte, war an Ritterlichkeit Terrero kaum unterlegen. Aber auch die im *Noli* beschriebenen Machenschaften der Mönche setzten jetzt voll ein. Gegen Ende des Jahres wurden neue Forderungen nach dem Verbot des Buches laut. Der Augustinermönch Salvador Font formulierte die Einwendungen der Zensurkommission. In grober Verkennung des eigentlichen Anliegens erklärte er, es habe ein einziges Ziel, die Unabhängigkeit der Philippinen. Deshalb versuche es unter den Spanien ergebenen loyalen Söhnen der Inselwelt den Haß auf das spanische Mutterland zu schüren und müsse daher sofort verboten werden. Als der Generalgouverneur auf diese plumpen Vorwürfe nicht reagierte, ließ der Augustiner seine Einschätzung drucken und in Handzetteln verteilen, wodurch er erreichen wollte, daß der Generalgouverneur notfalls aus Madrid zum Verbot des Buches gezwungen wurde. Ein weiteres Ergebnis seiner Aktivitäten war aber auch, daß die allerletzten Exemplare von *Noli me tangere* schon vor einem möglichen Verbot restlos vergriffen waren.

Der Generalgouverneur, der das Buch besser verstanden hatte als diejenigen, die sich zuerst in ihm wiedererkannten und jetzt lärmend reagierten, empfing Rizal zu Beginn des Jahres 1888 noch einmal und legte ihm nahe, das Land zu verlassen, weil er seine Sicherheit nicht mehr länger garantieren könne. Terrero wußte von Plänen, ihn abzuberufen. Und das konnte, wie die Ereignisse von 1871 nach der Ersetzung des Liberalen de la Torre durch Izquierdo gelehrt hatten, für deren Schützlinge wie im Falle von Pater Burgos tödlich enden. Rizal blieb keine andere Wahl: Schon Anfang Februar 1888 verließ er die Philippinen wieder in Richtung Hongkong und Japan. Mit als ein Erfolg des *Noli* kann angesehen werden, daß bald darauf, am 1. März 1888, die Gobernadorcillos von Manila in einem Manifest die Vertreibung der Mönchsorden aus den Philippinen forderten.

Das war aber noch nicht alles, was Rizals Zwischenbesuch in den Philippinen betraf. Vor seiner Abreise hatte er in der offensichtlichen Absicht, diesen Generalgouverneur bei seiner Arbeit voll zu unterstützen, noch einen weiteren Schritt getan, der ihm und seiner

Familie den dauerhaften Haß, in diesem Fall der Dominikaner, einbringen sollte. Es ging um eine Überprüfung der Steuereinkünfte der Haziendas der geistlichen Orden durch das Büro des Generalgouverneurs gegen Ende des Jahres 1887. Diese Arbeit war möglicherweise eine Folge entsprechender Andeutungen im *Noli me tangere* oder auch persönlicher Mitteilungen Rizals in seinen Gesprächen mit dem Generalgouverneur. Ganz offensichtlich entsprachen die steuerlichen Abgaben vieler Haziendas, deren Ausdehnungen in den letzten Jahren wegen des zunehmenden Bedarfs an Land enorm gewachsen waren, bei weitem nicht mehr dem tatsächlichen Stand des zu versteuernden Landbesitzes. Als eine entsprechende Anfrage nach den tatsächlichen Verhältnissen am 30.12.1887 auch nach Calamba kam, vermutete der dortige Stadtrat darin zunächst die Vorbereitung einer neuen Steuererhöhung und wollte nicht darauf reagieren. Rizal sah darin eine gute Gelegenheit, die Regierung auf die in letzter Zeit in Calamba vorgenommenen Änderungen aufmerksam zu machen. Er bot sich an, das Antwortschreiben zu verfassen, wenn die Bewohner Calambas ihm die notwendigen Informationen beschaffen würden. Dies geschah, und das überraschende Ergebnis war, daß die Dominikaner ganz offensichtlich seit Jahrzehnten von den Pachteinnahmen nur einen Bruchteil der Steuern entrichtet hatten, die an den Staat weiterzuleiten gewesen wären. Die Dominikaner bezahlten nur die Steuern, die früher vor ihnen von den Jesuiten gezahlt worden waren, aber inzwischen hatten sie ihren Landbesitz um neun Zehntel (9/10) vergrößert. Außerdem hatten sie von ihren Pächtern immer neue Sonderabgaben verlangt, worüber sich Paciano schon mehrfach in seinen Briefen an Rizal beschwert hatte. Hier war jetzt die Gelegenheit gekommen, diese Machenschaften aufzuzeichnen und der Regierung zur Kenntnis zu bringen. Rizal las den Report nach seiner Fertigstellung am 8.1.1888 den Pächtern vor und ließ sie mit ihrem Namen für die Richtigkeit der Angaben bürgen. Unter denen, die unterzeichneten, waren auch Repräsentanten der Hazienda-Verwaltung der Dominikaner, die sich möglicherweise nicht im klaren waren über die Konsequenzen, die dieser Report nach sich ziehen konnte. Dieser schloß mit der Bitte, daß die Regierung ein neues Vertragsverhältnis zwischen dem Dominikaner-Orden und den Pächtern ausarbeiten und dafür sorgen sollte, daß diese Abmachungen eingehalten würden. Um ihrer Forderung nach Überprüfung der Pachtverhältnisse Nachdruck zu verleihen, stellten die Bürger Calambas inzwischen ihre Pachtzahlungen ein.

Gedacht war der Report, wie erwähnt, für Generalgouverneur Terrero, dem damit zumindest eine Waffe gegen die Dominikaner in die Hände gespielt worden war. Wie würde er reagieren, wenn die seit mehr als 50 Jahren fehlenden Einzahlungen entdeckt wurden? Das aber mußte bei der geforderten Überprüfung zwangsläufig geschehen! Wegen des in diesem Sachverhalt liegenden Dynamits erreichte die Calamba-Petition das Büro des Generalgouverneurs jedoch erst, als dies (Juni 1888) schon von Terreros Nachfolger, General Valeriano Weyler, besetzt war.

Weyler hatte nicht zu Unrecht die Reputation, ein willfähriges Werkzeug der Mönche zu sein. Wie sehr er sich auch in den Philippinen auf sie stützte, sollte schon bald deutlich werden. Eine der ersten Verfügungen betraf das geforderte Verbot für *Noli me tangere*, schon der Besitz des Buches machte strafbar. Die Calamba-Petition wanderte ohne viel Federlesens in den Papierkorb, und statt dessen wurde eine Gegenoffensive gestartet. Der erste, den die Rache der Dominikaner traf, war Rizals Schwager, Manuel Hidalgo. Er hatte Rechtswissenschaft studiert und konnte Rechtsbeistand suchende Bürger beraten, wenn gegen diese jetzt vorgegangen werden sollte. Deshalb wurde Hidalgo unter dem Vorwurf, ein Agent Rizals und Filibuster (= Rebell) zu sein, auf die Insel Bohol im Süden der Philippinen verbannt. Die Welt des *Noli me tangere* mit ihrem Klima der Intrigen, der Verfolgungen und Verdächtigungen war nach dem vorübergehenden liberalen Zwischenhoch unter General Terrero in ihren vorherigen Zustand zurückverfallen und stimmte mit dem Befund des Arztes, wie die Dinge zeigten, wieder nahtlos überein.

V.

Scheitern der Reformbemühungen

Von Hongkong aus fuhr Rizal nach seiner überstürzten Abreise aus den Philippinen über Japan und die USA nach Europa zurück. In London, wo er im Mai 1888 eintraf, suchte er, wie bereits erwähnt, Material für eine autochthone Geschichte der Philippinen. Er hoffte dabei auch näheren Aufschluß über ein Problem zu finden, mit dem er sich immer wieder beschäftigte, sei es in seinen Romanen oder auch in der publizistischen Auseinandersetzung: über die „indolencia", die Trägheit oder auch Gleichgültigkeit der Filipinos, die Rizal letztlich auch für die ihm so verhaßte Unterwürfigkeit verantwortlich machte. Gab es für diese Tätigkeit rassische Gründe? Lag sie am Klima, oder, wie Rizal vermutete, war sie eine Folge jahrhundertelanger politischer und religiöser Bevormundung? Am besten ließen sich diese Fragen beantworten, wenn der Nachweis gelang, daß die Filipinos vor Ankunft der Spanier ein aktives, dynamisches Volk waren und somit auch alle Voraussetzungen hatten, sich bei mehr Verantwortung nach Einführung der Reformen zu einem zuverlässigen Partner der Spanier zu entwickeln.

Daß dies möglich war, glaubte er soeben erst bei seinem Besuch in den Philippinen erfahren zu haben. Er hatte mit Generalgouverneur Terrero auf einer Basis wenn nicht der Gleichheit, so doch des gegenseitigen Respekts verkehrt. Diese Basis mußte ausgeweitet werden, nicht überstürzt, sondern allmählich. Der „Principalia", also der besitzenden Klasse und den „Ilustrados", der in Europa oder auch in den Philippinen selbst heranwachsenden jungen Intelligenz, kam dabei die Schlüsselrolle zu. Und ihr Partner war naturgemäß die Bourgeoisie in Spanien. In einem Brief an Blumentritt charakterisierte Rizal diese wie folgt: „Das beste in Madrid ist die Mittelklasse. Sie ist liebenswürdig, ansehnlich, gebildet, großzügig, gastfreundlich und ritterlich. Sie ist auch etwas aristokratisch in ihren

Ansichten. Sie liebt Könige, Titel, Ehren und bleibt dabei doch republikanisch. Sie verspottet Pfarrer und Priester, sie vernachlässigt ihre religiösen Pflichten, aber sie gibt sich dennoch sehr katholisch und hat einen Horror vor Protestanten, Juden und Freidenkern ..." (Prose, 56.)

Weniger Sympathie hat Rizal für die untere Klasse, den „Mob", wie er das gemeine Volk gelegentlich nennt, oder auch den „Dunghaufen von Madrid", aus dem die Bourgeoisie „als schöne Blume hervorgewachsen" ist. Auch in seinem Roman hat er sich eher verächtlich über den „Mob" geäußert, der seinen Leidenschaften folgt und sich leicht verführen läßt. Nur die durch Intrigen und ohne eigenes Verschulden in Not gekommenen Menschen haben seine volle Anteilnahme, nicht etwa die sonstigen armen Bauern oder Fabrikarbeiter, die von der Bourgeoisie ausgenutzt werden. Seine Helden gehören denn auch zumeist der gehobenen Mittelklasse an.

Aus diesen Charakterisierungen läßt sich schon schließen, daß Rizal von einer Revolution von unten nichts wissen wollte. Das war für ihn eine Horrorvorstellung, mit der er gelegentlich drohte, aber sein echtes Anliegen waren Reformen von oben. Und darum bemühte er sich nun noch einmal verzweifelt, als die ersten Nachrichten aus den Philippinen nach Europa sickerten, daß General Weyler dabei war, wieder ein Terrorregiment in der Inselwelt einzurichten. In einer Artikelserie „Die Philippinen in einem Jahrhundert", die in der seit 1889 von gleichgesinnten Filipinos in Spanien herausgegebenen Zeitschrift *La Solidaridad* von September 1889 bis Februar 1890 erschien, trägt er seine Argumente noch einmal in aller Entschiedenheit vor: Er bringt einen historischen Rückblick, in dem er Lob und Tadel an die Spanier verteilt und auch anerkennende Worte für die früher von den Mönchen geleistete Arbeit findet. Durch den großen Wandel der letzten Jahrzehnte bedingt aber seien in der Gesellschaft der Philippinen jetzt neue Kräfte lebendig, die Aufgeklärten, die Ilustrados, die den Geist des Nationalismus verkörpern, der von der Engstirnigkeit einiger herrschender Gruppen bekämpft statt gefördert werde. Das sei gefährlich, denn diese Klasse dehne sich schnell aus und stehe bereits in Verbindung mit allen Teilen der Inselwelt. Schon heute sei sie das Hirn der Philippinen, in wenigen Jahren werde sie das Nervensystem der gesamten Inselwelt repräsentieren! Die Zusammenarbeit mit ihr sei unerläßlich, zumal die bemittelten Schichten, wie die Vergangenheit gezeigt habe, immer Anhänger von Frieden und Ordnung gewesen seien. Dies schon aus dem einfachen Grunde, weil sie bei allgemeinen Unruhen etwas zu verlieren hatten. Wohlstand bringe nun einmal auch den Erhaltungswillen mit sich, während Armut abenteuerliche Gedanken und den Wunsch nach raschen Veränderungen fördere. Deshalb gebe es keine Alternative zu den geforderten Reformen (Vertretung im spanischen Parlament, Pressefreiheit, kompetitive Examina für die Verwaltungslaufbahn und Beschränkung der Willkür bestimmter Gruppen), wenn die Bindungen an Spanien auch in Zukunft erhalten bleiben sollten! „So wiederholen wir und werden wir stets aufs Neue wiederholen, daß es besser ist, den Wünschen eines Volkes entgegenzukommen, als sich schließlich erst der Anwendung von Gewalt zu beugen. Die erste Einstellung gewinnt Sympathie und Liebe, die zweite dagegen ist begleitet von Verachtung und Empörung." (PHW: 162f.) Deutlicher ließ sich das Rezept, das Rizal seit seiner Ankunft in Spanien beim Werben um Gleichwertigkeit empfahl, kaum ausdrücken.

Aber in der gleichen Zeit, in der diese Artikelserie erschien, verschärften sich die Willkürakte in den Philippinen unter General Weyler. Die Mönche und die Vertreter des Staates wurden nervös, nicht nur wegen der Schriften Rizals sondern auch wegen ähnlicher Aktivitäten seiner Freunde und Kollegen, die sich inzwischen in Spanien zu der sogenannten „Propaganda-Bewegung" zusammengefunden hatten. Sie publizierten Aufrufe und Zeitschriften, die seit dem Erscheinen von *La Solidaridad* im Februar 1889 auch auf den Philippinen durch der Bewegung angehörende Kontaktpersonen in Manila Verbreitung fanden. Diese neuen Aktivitäten der seit dem Weggang Rizals aus Madrid führerlos gewordenen Gruppe der Filipinos in Spanien waren vor allem dem dort Ende 1888 eintreffenden Rechtsanwalt Marcelo del Pilar zu danken, der bei aller nach außen betonten Einmütigkeit dennoch schon in kurzer Zeit zum Rivalen Rizals beim Führungsanspruch der in Europa lebenden Filipinos werden sollte.

Marcelo del Pilar war elf Jahre älter als Rizal. Gleich diesem in eine begüterte Familie hineingeboren, aus der eine Zahl von Gobernadorcillos hervorgegangen war, hatte del Pilar Rechtswissenschaften an der Santo-Tomas-Universität studiert und war schon frühzeitig mit Organen der Kirche in Konflikt geraten. Seine Zulassung als Rechtsanwalt erhielt er daher erst nach jahrelangen Verzögerungen. Er verstand es aber dann, sich in seiner Heimatprovinz Bulacan eine starke Position aufzubauen, von der aus er unter geschickter Ausnutzung politischer Grundsätze liberaler spanischer Repräsentanten, wie zuletzt noch Generalgouverneur Terreros, auf juristischem Wege die Mönchsorden herausforderte und demütigte. Nach der Ankunft von Generalgouverneur Weyler wurden ihm dann Pläne zu seiner Verbannung bekannt, denen er sich durch die Flucht nach Spanien jedoch entziehen konnte.

Die Ziele der Propaganda-Bewegung unter del Pilar waren die gleichen, die auch in den Arbeiten Rizals zum Audruck gekommen waren: Säkularisierung der Pfarrämter, Vertreibung der Mönche, soweit sie sich Macht angeeignet hatten, Repräsentation der Philippinen im spanischen Parlament, Teilnahme von Filipinos an Regierungsgeschäften, Gleichheit vor dem Gesetz, Freiheit der Versammlung, der Presse und der Rede und Assimilation mit Spanien. Diese Forderungen füllten jetzt auch die Ausgaben von *La Solidaridad*. Marcelo del Pilar war vielleicht geschickter als Rizal in seiner Beteuerung, daß es ihm Ernst war mit der „Versöhnung der beiden Rassen". Er litt nicht unter den tatsächlichen oder vermeintlichen Zurücksetzungen. Außerdem ging er bei seinen Angriffen recht klug vor. Eine seiner Broschüren hatte den Titel „Viva España! Viva el Rey! Viva el Ejército! Fuera los Frailes!" Mit anderen Worten: die Forderung nach dem Herauswurf der Mönche kam erst nach den Hochrufen auf Spanien, auf den König und auf das Heer. Dahinter wird ein gerissenes Taktieren und ein schlaues Abschätzen der realen Machtverhältnisse deutlich, was bei Rizal bei seinem bedin-

Das Triumvirat der Filipinos in Spanien, die später die Zeitschrift „La Solidaridad“ harausgaben: José Rizal, Marcelo del Pilar und Mariano Ponce.

Fundort: Filipino Heritage. The Making of a Nation, vol. 7, Manila (o.J.), S. 1813.

Das Carlostor, Eingang zum Fort Santiago im Stadtteil Intramunros von Manila.

Fundort: Philippinen, Verlag C.J. Bucher, München 1985, S. 65.
Photographie: Rafael Toussaint. · Text: Rüdiger Siebert.

gungslosen Engagement für das einmal als „wahr“ oder „notwendig“ Erkannte zumeist nicht der Fall war.

Das galt auch für den Umgang mit seinen Landsleuten in Europa, denen Rizal gelegentlich zum Vorwurf machte, daß sie sich nicht ernsthaft genug zur Verwirklichung ihrer Ziele einsetzten, und daß ihnen persönliche Vergnügungen offensichtlich näher standen als die Verbesserung der Verhältnisse zu Hause. Wegen seines persönlichen Vorbildes und Einsatzes wurde Rizal zwar von den meisten respektiert, aber von einigen wurde er auch als Moralapostel betrachtet, dessen stete Ermahnungen auf die Dauer lästig werden konnten. So war der Ruf nach einem neuen Führer der philippinischen Kolonie schon laut geworden, als Rizal noch in Europa und Marcelo del Pilar noch in den Philippinen war. Nach seiner Ankunft fiel es del Pilar bei seinem taktischen Geschick dann auch nicht schwer, sich als geeigneter Kandidat für diese Rolle zu präsentieren. Zudem erwarb er sich bald allgemeinen Respekt für seine Leistung bei der Herausgabe von *La Solidaridad*. Ein Test, wer als Führer der philippinischen Kolonie in Europa zu gelten habe, Rizal oder del Pilar, kam aber erst zu Beginn des Jahres 1891 zustande.

Rizal hatte 1888/89 das Buch Morgas über die Philippinen vor Ankunft der Spanier kommentiert und neu herausgegeben, hatte einige Artikel für *La Solidaridad* geschrieben und sich in einer ausgedehnten Korrespondenz zu ethnologischen und linguistischen Fragen die Philippinen betreffend geäußert und war danach mehr und mehr von den sich in seiner Heimat dramatisch zuspitzenden Ereignissen als Folge der Calamba-Petition in Anspruch genommen worden. Generalgouverneur Weyler und die Mönchsorden wollten dem aufgrund der Propaganda-Bewegung allenthalben in den Philippinen spürbar werdenden Geist der Auflehnung jetzt ein Ende machen. Sie nahmen daher gerade den Fall der durch den „Rebellen“ Rizal initiierten Calamba-Petition, um ein drastisches Exempel zu statuieren. Gegen die Familie Rizals und weitere 60 Unterzeichner der Petition wurden Strafanträge der Dominikaner zunächst beim Gericht der Provinz Laguna eingereicht. Es wurde verlangt, die aufsässigen Pächter von Haus, Hof und Land zu vertreiben, und die Guardia Civil erlaubte sich schon in diesem Stadium alle nur denkbaren Übergriffe gegen die Angeklagten.

Rizal versuchte, durch Publikation der ihm bekanntgewordenen Fakten die spanische Öffentlichkeit auf den Fall aufmerksam zu machen. Gegen den zunächst erfolgten Schuldspruch hatten die Bewohner Calambas Berufung eingelegt, aber diese war im Mai 1890 auch in Manila verworfen worden. Darauf wandte man sich von Calamba aus nun direkt nach Madrid, und Rizal fuhr ebenfalls dorthin, um gemeinsam mit del Pilar das Aufbegehren der Bevölkerung von Calamba vor dem damaligen Kolonialminister Fabie zu verteidigen. General Weyler aber wartete seinerseits eine ministerielle Entscheidung in der spanischen Hauptstadt erst gar nicht ab. Im September 1890 schickte er seine Truppen in die Heimatstadt Rizals, ließ 30 Familien, darunter die Angehörigen Rizals, auf die Straße setzen, ihre Häuser verbrennen und die Aufsässigen deportieren.

Als sich die philippinische Kolonie wie üblich zur Silvesterfeier im Jahre 1890 in Madrid zum gemeinsamen Essen traf, gab es Spannungen, an denen der durch die langsam aus den Philippinen einsickernden Nachrichten von der Zerstörung Kalambas zutiefst betroffene Rizal nicht unbeteiligt war. Mehrere seiner Anregungen riefen Befremden hervor, und bei bald darauf folgenden Abstimmungen, wer der Führer der Filipinos in Europa sein sollte, konnte Rizal in mehreren Wahlgängen trotz der vielen ihm treu ergebenen Anhänger nicht die erforderliche Zweidrittel-Mehrheit der Stimmen, geschweige denn die von ihm selbst erhoffte Einstimmigkeit erlangen. Marcelo del Pilar, der Gegenkandidat, hatte sich einen festen Anhängerkreis geschaffen. Seine größere Kompromißbereitschaft, seine Fähigkeit, zwischen den einzelnen Gruppen zu vermitteln, aber auch sein heimliches Schüren oppositioneller Regungen hatten ihn in einem Zeitraum von knapp zwei Jahren zu einer echten Alternative des bis dahin die philippinische Kolonie in Europa eindeutig dominierenden Rizal werden lassen.

Dieser fühlte sich durch die unentschieden ausgehenden Wahlen zutiefst in seinem Stolz verletzt und nahm eine nachträglich zu seinen Gunsten gefällte Abstimmung nicht mehr an. Zwar konnte ein offener Bruch zwischen „Rizalisten“ und „Pilaristen“ verhindert werden, und Rizal und del Pilar blieben in brieflichem Kontakt, aber das anfänglich herzliche Verhältnis und die Kampfgemeinschaft der letzten Jahre waren dahin. Daß Rizal sich künftig weigerte, weiterhin in *La Solidaridad* zu publizieren, lag jedoch nicht nur daran, daß del Pilar als Herausgeber die Akzente nach eigenem Belieben setzen konnte. Rizal hatte längst erkannt, daß seine schriftstellerischen Fähigkeiten besser in einem Roman statt in journalistischen Gelegenheitsarbeiten zur Geltung kamen. Seinen eigentlichen Aufgabenbereich sah er, wie er es im „Noli me tangere“ demonstriert hatte, im Bewußtseinsbildungsprozeß einer breiteren Öffentlichkeit, und diese versuchte er jetzt in einer Fortsetzung des *Noli* erneut anzusprechen. Bevor auf diesen neuen Roman „El Filibusterismo“ (Die Verschwörung) näher eingegangen wird, sei noch auf ein weiteres Ereignis hingewiesen, das gegen Ende des Jahres 1890 Rizals Selbstwertgefühl erschütterte.

Im Dezember erhielt er in Madrid einen Brief, in dem ihm seine langjährige Braut in den Philippinen, Leonor Rivera, der die Romanheldin des *Noli me tangere*, Maria Clara, nachgebildet worden war, mitteilte, daß sie dem Wunsche ihrer Mutter folgend demnächst einen englischen Eisenbahningenieur heiraten werde. Damit löste sie die seit mehr als zehn Jahren bestehende Bindung zu ihrem Jugendfreund. Es ist schwierig, der Frage nachzugehen, wieweit die Liebe zu Leonor Rizal in seinem Werdegang beeinflußt hat. Ein großer Teil der Korrespondenz zwischen ihnen ist schon damals vernichtet worden. In diesem Zusammenhang ist jedoch zu erwähnen, daß Rizal bei seinem Aufenthalt in den Philippinen im Jahre 1887/88 Leonor in deren Heimatort Bakolor (Pangasinan) nicht besuchte. Wie er später mitteilte, hatte er dies auf ausdrücklichen Wunsch seines Vaters nicht getan, der die Verbindung nicht billigte. Und schon kurz nach seiner Abreise aus den Philippinen erfährt man von neuen Frauenbekanntschaften Rizals in Japan (Seiko), in England (Gertrude Beckett), in Frankreich (Nellie Boustead) oder in Belgien (Susanne Jacoby), die andeuten, daß Rizal ein sehr begehrter Junggeselle war, aber auch, daß er sich ganz sicher nicht vor den Frauen versteckte und immer wieder neue Bekanntschaften suchte.

Dennoch litt er unter der Auflösung der Beziehung zu Leonor, wie er seinem Freund Blumentritt mitteilte, ganz besonders. War es wirklich das Gefühl eines unersetzlichen Verlustes, oder sprach daraus vor allem gekränkte Eitelkeit? Wie immer die Antwort darauf lauten mag, es war in dieser für ihn krisenreichen Zeit eine neuerliche Niederlage Rizals, die seinem Selbstwertgefühl nicht minder abträglich war wie die Erkenntnis, daß ihm die Kontrolle der philippinischen Kolonie in Spanien entglitt, oder, am schlimmsten von allem, das Bewußtsein, schuldig zu sein am Unglück seiner Eltern, seiner erweiterten Familie und der Freunde und Bekannten in Calamba.

VI.

El Filibusterismo und das neue Rezept

All die Nackenschläge, die Rizal in jenen Jahren erlitt, konnten ihn aber nicht von der Vorstellung seiner besonderen Mission, zur Entwicklung seines Vaterlandes und zur Ermöglichung einer glücklichen Zukunft für das Volk der Filipinos beizutragen, abbringen. Sicherlich, auch dem glühendsten Anhänger des Assimilationsgedankens mußte nach der Zerstörung Calambas klargeworden sein, daß die Versuche, Reformen zu erbitten oder zu fordern, wenn man keine unkontrollierbaren Konsequenzen riskieren wollte, als ein sinnloses Bemühen angesehen werden mußten. Sinnlos jedenfalls, solange die Kräfte der Reaktion in Spanien und auf den Philippinen das Sagen hatten.

Was aber war statt dessen möglich, welcher Rat konnte dem philippinischen Volk in seiner bedrängten Lage gegeben werden, der wenigstens langfristig Aussicht auf Erfolg besaß? Diese Frage wird in Rizals zweitem Roman *El Filibusterismo* (Die Verschwörung) diskutiert, der im September 1891 in Gent in Belgien erschien. Auch dieses Mal war der Publikationsort von der Suche nach dem geringsten Kostensatz bestimmt. Nach den bitteren Erfahrungen in der Heimat konnte dieses Mal nicht mehr mit Zuschüssen von Paciano oder Freunden der Familie Rizals gerechnet werden. Seine Hoffnungen konzentrierten sich statt dessen auf das Zentrum der Propaganda-Bewegung in Manila, von wo ihm nach der Vertreibung seiner Familie aus Calamba finanzielle Unterstützung zugesagt worden war. Aber auch von dort kam das Geld nur zögerlich, so daß das ihm bereits aus Berlin bekannte Hungern und Frieren auch den Druck des neuen Romans in Gent begleitete. Aber Rizal, der in diesen Krisensituationen immer eine bewundernswerte Energie entfaltete, hielt durch. Der Umfang des Textes mußte reduziert werden, zunächst konnten nur einzelne Teile gedruckt werden, bis dann, wie in

Berlin, ein philippinischer Landsmann den fehlenden Betrag beisteuerte, der das Erscheinen des Buches ermöglichte.

In gewisser Weise ist der Roman *El Filibusterismo* eine Fortsetzung von *Noli me tangere*.

Der reiche Juwelenhändler Simoun, hinter dem sich der am Ende des *Noli me tangere* den Häschern gerade noch entkommene Ibarra verbirgt, ist, von Rachegefühlen beseelt, in seine Heimat zurückgekehrt. Alle, die Schuld an der Zerstörung seines persönlichen Glückes und seiner Reformabsichten hatten, sollen, falls es nicht anders geht, gemeinsam mit den Unschuldigen der ganzen Stadt in die Luft gesprengt werden. Er scheut keine Mühe, sich durch Überredung oder Bestechung Helfer für seinen verderblichen Plan zu beschaffen. Nichts ist von dem ursprünglichen Ideal Ibarras geblieben, sein Volk auf dem Wege des Fortschritts voranzubringen, statt dessen vermehrt er den Schmutz, die Gier und die Demoralisierung der Menschen, um sie in kaltem Kalkül der Vernichtung preiszugeben.

Aber, so wird bei genauerem Hinsehen deutlich, Rizal identifiziert sich nicht mehr mit diesem „Helden", er ist kein Revolutionär geworden. Der Moralist aus den Zeiten des Ateneo und aus dem Kreise der Filipinos in Spanien triumphiert über die heißblütigen und alle Skrupel beiseite schiebenden Rachegedanken, und Simouns krimineller Plan mißlingt durch die Opferbereitschaft eines jungen Filipinos, Isagani.

Dieser gebildete junge Filipino, der seinen eigenen Professor an Kenntnis der Morallehre und daraus resultierender Pflichten übertrifft, der sich den Behörden stellt, um für seine dort Verdacht weckenden Ansichten einzustehen und der schließlich sein Leben einsetzt, um das anderer zu retten, ist der Idealtyp Rizals in dieser bisher schwersten Phase seines Lebens. In der ihm eigenen Art, rastlos nach neuen Lösungsmöglichkeiten zu suchen, wenn sich bis dahin befolgte Rezepte nicht bewährten, hat Rizal seine Antwort oder sein „neues Rezept" schließlich in der Opferbereitschaft junger, durch keinerlei Makel wegen Eigeninteressen oder unbeherrschter Emotionen „befleckter" Idealisten gefunden.

Der Roman, dem Andenken der Märtyrer Pater Burgos, Pater Gomez und Pater Zamora gewidmet, ist oft als eine Aufforderung zur Gewaltanwendung angesehen worden. Nur durch einen Zufall sei schließlich der große Vernichtungsplan Simouns gescheitert. Diese Interpretation ist oberflächlich und geht ganz offensichtlich am Kern der Sache vorbei. Ausführlich wird gegen Ende des Romans der Sinn des Geschehens von dem philippinischen Pfarrer Florentino erläutert, in dessen Haus der verletzte Rebell Simoun (alias Ibarra) Unterschlupf vor seinen Verfolgern gefunden hat.

Auf die Frage des sterbenden Simoun, warum Gott ihn im Stich gelassen habe bei seinem Versuch, den ganzen „Unrat" auszurotten, antwortete der philippinische Geistliche: Weil Gott die von Simoun dazu eingesetzten Mittel nicht billigen konnte. Wörtlich fährt er fort: „Der Ruhm, das Vaterland gerettet zu haben, kann nicht dem gebühren, der zu seinem Ruin beitrug. Du hast geglaubt, daß das, was Verbrechen und Niederträchtigkeiten beschmutzt und deformiert haben, durch noch mehr Verbrechen und noch größere Niedertracht getilgt und gereinigt werden könnte. Das war ein Irrtum! Haß erzeugt neuen Haß, Verbrechen neues Verbrechen, nur Liebe kann Wunder wirken, nur Tugend kann wirklich erlösen! Wenn unser Land eines Tages frei sein sollte, dann wird dies nicht durch Hinterhältigkeiten und Schandtaten geschehen, und auch nicht durch die Korruption seiner Söhne, einige von ihnen getäuscht, andere bestochen! Nein, wirkliche Befreiung setzt Tugend voraus; Tugend bedingt Opferbereitschaft, und Opferbereitschaft erwächst aus Liebe!" (EF, 295.) In jener Zeit mehren sich auch in den Briefen Rizals Hinweise auf die Notwendigkeit des Einsatzes des eigenen Lebens, um seine Ernsthaftigkeit glaubwürdig unter Beweis zu stellen. Das ist es, was für die Rettung der Philippinen notwendig ist: absolute Glaubwürdigkeit. Vater Florentino läßt er in dem erwähnten Zusammenhang weiter erklären: „Beim Gewinn der Freiheit eines Landes ist es nicht so sehr das Schwert, das zählt! Was zählt, sind Mut und Würde! Wir müssen unsere Freiheit dadurch gewinnen, daß wir sie verdienen, durch Verbesserung der Gesinnung und der Würde des Einzelnen, durch Liebe zu Wahrheit und Gerechtigkeit bis zur Bereitschaft, dafür zu sterben.

Wenn ein Volk diese Höhen erreicht, dann wird Gott selbst die notwendigen Waffen bereitstellen, und die falschen Götter und Tyrannen werden wie ein Kartenhaus in sich zusammenstürzen." (EF, 297.) Es ist nicht mehr Spanien, das um Hilfe mittels Reformen gebeten wird, sondern Gott. Gott aber verlangt Aufrichtigkeit, Reinheit des Herzens, Opferbereitschaft. Dies wird im letzten Kapitel des *El Filibusterismo* in immer wieder neuen Variationen angeführt. Es klingt wie ein Vermächtnis Rizals an die philippinische Jugend, in der Person von Isagani hier idealisiert, das Reinigungswerk von innen her zu beginnen. Seinem Freund Ponce, der ihm bei allen Streitigkeiten in Madrid stets treu zur Seite stand, schrieb er damals: Er solle in die Philippinen zurückkehren und sich notfalls dort töten lassen, aber seine Ideen nicht aufgeben. Man sterbe nur einmal, und wenn man nicht anständig sterbe, sei eine gute Gelegenheit dahin, die sich nicht wieder ergeben werde. Und wenn jemand sterben müsse, dann solle ihn der Tod in seinem Vaterland, von seinem Vaterland, für sein Vaterland ereilen (Coates, 182).

Und sich selbst schloß Rizal bei solchen Gedanken nicht aus. Was auch geschehen werde, Gott werde es schon zum besten führen. Trotz aller Rationalisierung seiner Religion, auf die er so stolz war, ein persönliches Verhältnis zu seinem Gott hatte er sich immer erhalten! Und mehr und mehr begriff er sich persönlich jetzt auch in der imitatio Christi, als er den Entschluß faßte, nach Hause zurückzukehren und sich selbst den weylerianischen Häschern auszuliefern, um seiner Familie und seinen Freunden die weitere Verfolgung zu ersparen. An Blumentritt schrieb er im September 1891 kurz vor seiner Abfahrt aus Europa (in Rizals Deutsch): „Ich muß nach den Philippinen heimkehren. Das Leben wird mir ein Last, ich muß den Beispiel geben, den Tod nicht zu fürchten, wenn auch schrecklich ..." (RBC II, S. 414.) Und in Hongkong, seiner letzten Station vor der Rückkehr in die Philippinen, hinterließ er einen Brief („nach meinem Tode zu öffnen"), in dem es hieß: „Ich gehe freiwillig, um mich der Gefahr auszusetzen, nicht um meine Vergehen zu bereuen (bis zu diesem Zeitpunkt glaube ich, keine begangen zu haben), sondern um mein Werk zu vollenden und durch mein Beispiel zu bezeugen, was ich ständig gepredigt habe. Ein Mann muß für seine Überzeugung sterben können." (PHW, 331.)

Reynaldo Ileto hat vor einigen Jahren darauf aufmerksam gemacht, wie wichtig die Passion Christi, die jährlich in der Karwoche fast überall in den Philippinen mit großem Pomp und Aufwand gefeiert wurde, für die philippinische Volksfrömmigkeit war. Er konnte glaubhaft nachweisen, daß die Identifikation mit dem Leiden Christi auch in Aufstandsbewegungen der einfachen Bevölkerung eine bedeutsame Rolle spielte. Dies will hier besagen, daß die Leiden Christi den Massen bestens vertraut waren, und daß man sich, der späteren Erlösung gewiß, in Härtesituationen mit der Passion Christi zu identifizieren begann.

Wenn Rizal hier anknüpfte, dann geschah dies eher unbewußt als bewußt. Er war selber in dieser Tradition aufgewachsen, und der heutige Erkenntnisstand war weder ihm noch anderen zu jener Zeit zugänglich. Es machte aber deutlich, warum sich Rizals Ruhm gerade unter der einfachen Bevölkerung, mit der er selbst so wenig im Sinne hatte, so rasch verbreitete, als er dann kurz nach seiner Rückkehr in die Philippinen (Juli 1892) tatsächlich gefangengenommen und verbannt worden war.

Anfänglich hatte es so ausgesehen, als ob mit dem seit 1891 in den Philippinen als Nachfolger General Weylers amtierenden Generalgouverneur Despujol ein ähnlich positives Verhältnis möglich sein sollte wie mit Generalgouverneur Terrero. Rizal hatte ihn bereits mehrfach von Hongkong aus angeschrieben und ihn u.a. um Erlaubnis gebeten, im Gebiet von Sandakan in Nordborneo eine philippinische Kolonie zu gründen. Er war dort gewesen und hatte von Vertretern der British North Borneo Company Zusicherungen für langfristige Pachtverträge für philippinische Siedler erhalten. Despujol aber hatte davon nichts wissen wollen, in den Philippinen selbst gebe es Land genug! Die Vertreter der spanischen Krone waren sich über ein mögliches Negativ-Image Spaniens bei einer Vielzahl von politischen philippinischen Flüchtlingen im benachbarten British North Borneo nur zu gut im klaren und lehnten den Plan Rizals ab.

Wollte dieser nun mit seiner Ankündigung ernst machen, so mußte er in die Philippinen zurückkehren, um sich selbst für seine Verwandten als Geisel zur Verfügung zu stellen. Er teilte dem Generalgouverneur mit, mit welchem Schiff er eintreffen werde und wurde nach seiner Ankunft in Manila auch sogleich von dem Vertreter der spanischen Krone empfangen. Er erreichte auch das Versprechen, daß sein Vater und sein Bruder aus Hongkong nach Manila zurückkehren könnten, wohin sie sich wegen der Weylerschen Maßnahmen zurückgezogen hatten. Wenige Tage später erhielten auch seine Schwestern und Schwäger die Rückkehrerlaubnis und Rizal wurde gestattet, sich frei zu bewegen.

Die Verhaftung erfolgte neun Tage nach der Rückkehr auf die Philippinen am 5. Juli 1892, als jedes Haus, das er nach seiner Rückkehr betreten hatte, nach Agitationsmaterial durchsucht wurde. Auch in Rizals eigenem Gepäck wurde belastendes Material „entdeckt", das ihm dort hineingeschmuggelt worden sein mußte, da Rizal genau wußte, daß sein Gepäck gründlich durchsucht werden würde. Ausschlaggebend für die Verhaftung Rizals dürfte der Bericht über eine Zusammenkunft Rizals mit einem größeren Teil der die Progaganda-Bewegung in Spanien unterstützenden Bourgeoisie in Tondo, einem Vorort von Manila (am 3. 7. 1892) gewesen sein; bei dieser Zusammenkunft hatte Rizal seinen Plan einer *Liga Filipina* vorgetragen. Sie sollte die Arbeit der Filipinos in Spanien besser als bisher unterstützen und in den Philippinen selbst den Einheitsgedanken durch Verzweigung in der Inselwelt weiter verbreiten. Überall sollten provinziale und lokale Räte gebildet werden, während ein oberster Rat die Arbeit im ganzen Land koordinieren sollte. Die Liga sollte ihren Mitgliedern Schutz vor Willkürakten der Justiz gewähren und sich im Lande für die Entwicklung der politischen Reformen, der Landwirtschaft und des Erziehungswesens einsetzen (PHW, 309–316).

VII.

Rizal in der Verbannung

Diese Pläne – so schien es zumindest – wurden durch die Verhaftung ihres Inspirators schon gleich nach der Einrichtung der Liga wieder hinfällig. Die Verbannung Rizals nach Dapitan, in eine unbedeutende, kaum besiedelte Region an der Nordwestküste Mindanaos war eine Art „anti-climax" (Guerrero) für Rizal. Statt des erwarteten Hochverratsprozesses in der Hauptstadt Manila mit Todesstrafe und öffentlicher Hinrichtung wurde der Künder der Freiheit der Filipinos an die Peripherie der Inselwelt in eine entlegene Provinz abgeschoben. Dapitan war eine Ortschaft unter der Betreuung von Jesuiten, die sich jetzt versprachen, einen abtrünnig gewordenen Sohn wieder unter die Fittiche der katholischen Kirche zurückholen zu können. Rizal war in Europa, schon allein um besseren Zugang zu den liberalen Politikern Spaniens zu bekommen, Freimaurer geworden. Davon ist in seinen Briefen und Mitteilungen nicht die Rede, weil er wußte, wie sehr seine Mutter darunter leiden würde. In den Philippinen, wo die Freimaurerei seit Gründung der Propaganda-Bewegung Eingang und rasche Verbreitung gefunden hatte, – im Juni 1892 gab es etwa 9 Logen mit insgesamt 120 aktiven Mitgliedern – wurde sie von seiten der Kirche wegen der Geheimbündelei als das Werk des Satans schlechthin dargestellt. Schon alleine die Tatsache, daß sich unter den von Rizal unmittelbar nach seiner Rückkehr kontaktierten Filipinos eine größere Zahl von Freimaurern befanden, hat offensichtlich mit zu seiner raschen Verbannung beigetragen.

Dennoch hatte sich Rizal, es wurde schon verschiedentlich angedeutet, einen gerade in Krisenzeiten sehr lebendigen Gottesglauben erhalten. Nur die Riten, Satzungen und den Unfehlbarkeitsanspruch der Kirche, daraus machte er zu keiner Zeit einen Hehl, lehnte er ab. Er glaubte nur das, was auch mit seinem Verstand in Einklang zu bringen war. Und diese Haltung sollte sich auch während seiner Verbannungszeit auf Dapitan trotz aller Versuche seiner ehemaligen Lehrer, denen Rizal ansonsten Verehrung und Dankbarkeit bewahrt hatte, nicht ändern. Berühmt geworden ist sein Briefwechsel mit dem damaligen Superior der Jesuiten auf den Philippinen, Pater Pablo Pastells, der von Manila aus in die Versuche der Rückgewinnung Rizals in die Kirche eingriff, als vorherige Delegierte, wie z. B. ein früherer Lehrer Rizals, Pater Sanchez, ihr Scheitern bekennen mußten.

In dem sich fast über ein Jahr hinziehenden Briefwechsel zwischen dem gelehrten Jesuitenpater und dem Jesuitenzögling Rizal waren die Argumente wohl überlegt und wurden von beiden Seiten in respektvollem, ja freundlichen Ton vorgebracht. Es ging vor allem um den Vorwurf der Selbstgerechtigkeit. Pater Pastells verweist Rizal, daß er seinen eigenen Verstand zu sehr kultiviere und daß er sich bei all seiner Eigenliebe auch noch zum Richter in Glaubensdingen aufzuspielen erdreiste. Rizal erwidert, daß er sowohl den Verstand als auch die Eigenliebe als kostbare Geschenke Gottes betrachte, die den Menschen zu ihrer Vervollkommnung gegeben worden seien und entsprechend genutzt werden müßten. Der Jesuitenpater wendet darauf ein, daß das göttliche Licht der Erkenntnis durch Fremdeinflüsse auch gebrochen oder getrübt werden könne und glaubt, solche Fremdeinflüsse z. B. in protestantischen Ideen in „Noli me tangere“ oder auch in Freimaurer-Vorstellungen in „El Filibusterismo“ erkennen zu können. Rizal weist diese Vorwürfe zurück. Protestantische oder gar atheistische Ideen seien für ihn zu keiner Zeit maßgeblich geworden. Bei seinen Gesprächen mit Pfarrer Ullmer im Odenwald sei ihm jedoch durch die Ernsthaftigkeit der vorgebrachten Argumente die Gewißheit gekommen, daß Gott sich in verschiedenen Religionen offenbaren könne. Das göttliche Licht der Erkenntnis sei gewiß allen menschlichen Einsichten überlegen, aber wer könne schon von sich auf diesem Erdball behaupten, daß er, und nur er, der wahrhafte Reflektor dieses reinen und unverfälschten göttlichen Lichtes sei? Auch dies war wieder eine Infragestellung der katholichen Kirche als alleinseligmachende Institution. Dennoch, Pater Pastells spürte die Ernsthaftigkeit und auch die

Religiosität aus Rizals Briefen und versuchte noch eine Zeitlang, durch Zitate von Kirchenvätern und scholastische Argumentationen den abtrünnig gewordenen jungen Mann vom göttlichen Ursprung und Auftrag der Kirche von Rom zu überzeugen. Aber im Grunde begannen sich die Argumente bald zu wiederholen. Ein Beweis, wessen Interpretation richtig war, ließ sich bei der unterschiedlichen Ausgangslage des Jesuitenpaters und des zum Freidenker gewordenen Jesuitenzöglings ohnedies nicht erbringen, die religiöse Debatte schlief ein.

Drei Jahre später, im Dezember 1896, flammte die Diskussion um Rizals Religiosität noch einmal auf. Es heißt, daß er kurz vor der Hinrichtung seinen Irrglauben widerrufen habe und in den Schoß der katholischen Kirche zurückgekehrt sei. Vieles spricht angesichts der besonderen Situation in seiner Todeszelle im Fort Santiago, wo er gefangen gehalten wurde, dafür. Es galt, seine verzweifelte Mutter zu trösten und das Verhältnis mit der mit ihm in seinen letzten Jahren zusammenlebenden Josefine Bracken zu legalisieren, da die Kirche ohne den Widerruf Rizals dieser Verbindung ihren Segen nicht erteilen wollte. Aber wegen sich z.T. widersprechender Berichte werden Zweifel an Rizals „Bekehrung“ niemals auszuräumen sein. Was Rizal wirklich dachte, solange er ohne die inneren Zwänge den Fragen nach Gott und seiner Schöpfung nachging, darüber geben klar und präzise die Ansichten in dem Gedankenaustausch mit Pater Pastells Auskunft, die sich im übrigen nicht mehr von denen unterscheiden, die Rizal 1884 seiner Mutter mitgeteilt hatte. Sie schlossen (s.o. S. 32) mit den Worten: „Ich glaube nicht, daß Gott mich strafen wird, wenn ich versuche, mich ihm zu nähern, indem ich Verstand und Vernunft, seine kostbarsten Gaben, gebrauche.“

Im übrigen hat sich Rizal während seiner Verbannung in Dapitan entschieden mehr um weltliche als um geistliche Dinge gekümmert. Er hatte ein gutes Verhältnis mit dem örtlichen Gouverneur Carnicero, der ihm weltanschaulich nahestand, wie kritische Äußerungen von Jesuiten über dessen „verderblichen Einfluß“ auf Rizal vermuten lassen. Carnicero mußte über Rizals Ansichten und Aktivitäten nach Manila berichten, und aus diesen Berichten wird deutlich, daß

Rizal seine politischen Vorstellungen auch nach seiner Verbannung nicht geändert hatte. Er verlangte Repräsentation der Philippinen im spanischen Parlament, Einschränkung der Willkür der Mönche, Übergabe der Pfarrämter an „säkulare" Geistliche, Reform der Verwaltung durch stärkere Einbeziehung der Filipinos und Verbesserung des Bildungssystems, insbesondere auch durch Einrichtung neuer Schultypen, die sich stärker mit den Erfordernissen der Zeit beschäftigten (Handel, Sprachen etc.), sowie Freiheit der Religionsausübung und Freiheit der Presse.

Während Rizal anfänglich gegen seine Verbannung aufbegehrt hatte (in einem Brief an den Generalgouverneur hatte es geheißen, daß man ihn mitten im Frieden ohne Gerichtsurteil oder konkrete Anhaltspunkte aus seiner Familie, der Heimat und seinen Aufgaben gerissen habe, ohne jegliche Rechte, die sonst nicht einmal den Gliedern der niedrigsten Klassen, ja nicht einmal den gemeinsten Tieren vorenthalten würden), begann er, sich allmählich mit seinem Los abzufinden. Er wußte, es hätte schlimmer kommen können. Worunter er litt, war, daß ihm jede politische Tätigkeit untersagt war. Er erhielt gelegentlich Nachrichten, daß seine Bücher eifrig gelesen würden, daß die Menschen nach wie vor von ihm sprachen, in ihm einen Messias erblickten, und daß man sich in den verschiedensten Kreisen in Spanien sowohl wie auch in Manila um seine Freilassung bemühte.

Seine vielseitigen Interessen halfen ihm, die Wartezeit auf eine neue Entscheidung in seiner Sache oder auf Begnadigung durch einen neuen Generalgouverneur zu überbrücken. Was ihm mit seinen Plänen für Nordborneo nicht gelungen war („Wiederaufbau von Calamba"), sollte jetzt auch in Dapitan versucht werden, zumal ihm ein gemeinsam mit Gouverneur Carnicero erzielter Gewinn in der Lotterie einen größeren Geldbetrag (mehr als 6000 Pesos) in die Hand gespielt hatte. Er kaufte sich Land, bepflanzte es mit Obstbäumen und Kaffeesträuchern, richtete eine Praxis ein und lud seine Familie ein, zu ihm in den Verbannungsort zu kommen. Seine Mutter, deren Augenkrankheit er schon in Hongkong behandelt hatte, besuchte ihn dann auch in Begleitung einiger Schwestern von Rizal, so daß er die Behandlung weiterführen konnte. In der Tat konnte sie nach weiteren Augenoperationen wieder besser sehen.

Er wurde bald auch wegen anderer Krankheiten konsultiert, und seine landwirtschaftlichen Arbeiten begannen die ersten Früchte zu tragen. Eines Tages teilte er Blumentritt mit, er sei halb Arzt und halb Kaufmann geworden. Er versorge die Einwohner medizinisch, helfe ihnen aber auch in ihren Handelsgeschäften, damit sie nicht länger von den Chinesen ausgebeutet würden. Ein anderes Mal berichtet er, er habe eine Schule eingerichtet, in der er 16 Jungen unterrichte, sowohl in Sprachen als auch in Mathematik, außerdem unterrichte er die Methoden moderner Landwirtschaft.

Daneben versuchte er auch, den vielfältigen Wünschen europäischer Wissenschaftler nachzugehen, die sich mit linguistischen und ethnographischen Fragen an ihn wandten, und schließlich auch den Wunsch nach seltenen Schmetterlingen äußerten, wobei Rizal genaue Anweisungen erhielt, wie er sie zu fangen, zu töten und zu konservieren hatte.

Einsamer schien es um ihn zu werden, als die Mutter ihn anfangs des Jahres 1895 wieder verließ, weil sie den kränkelnden Vater Rizals zu versorgen hatte, der die Reise nach Dapitan nicht mehr antreten konnte oder vielleicht auch nicht antreten wollte. Die Möglichkeit einer Begnadigung oder Versetzung Rizals hatte sich Ende 1894 angedeutet, als Generalgouverneur Ramon Blanco, der als Nachfolger von Despujol in die Philippinen gekommen war, bei einer Kampagne gegen die Muslime (Moros) im Süden der Philippinen in Dapitan Station machte und Rizal empfangen hatte. Aber eine Entscheidung war noch nicht gefallen, und Rizal wußte inzwischen, wieviel Zeit gerade in seinem Falle auch „wohlwollende Erwägungen“ noch erforderten, die ihm von Blanco in Aussicht gestellt worden waren.

In dieser Situation erschien Josephine Bracken in dem Verbannungsort Rizals. Sie war die Tochter irischer Eltern, die nach dem frühen Tode ihrer Mutter als Pflegekind im Hause einer in Hongkong lebenden Familie Taufer aufgenommen worden war. Als Mr. Taufer 1893 an seinen Augen erkrankte und keinen geeigneten Arzt finden konnte, fuhr er 1894 nach Manila, um sich von Rizal behandeln zu lassen. Schließlich hat man ihm dort den Verbannungsort Rizals mitgeteilt, wo er mit seiner 19jährigen Pflegetochter gegen Ende Januar 1895 eintraf. Rizal operierte ihn erfolgreich. Gleichzeitig war er von Josephine so angetan, daß er bei Mr. Taufer vor dessen Rückreise um ihre Hand anhielt. Dieser lehnte zunächst schroff ab, weil er auf die Versorgung durch seine Pflegetochter auf der Heimreise angewiesen war, aber Josephine kam mit dem nächsten Postschiff nach Dapitan zurück, um bei Rizal zu bleiben.

Daß die Kirche der geplanten Heirat ohne Rizals Widerruf seiner „Ketzereien" nicht zustimmte, wurde bereits angedeutet, und es paßte ihr auch nicht schlecht in das von ihr verbreitete Bild von dem abtrünnigen Rebellen, daß er im „Stande der Sünde" lebte, um seine nach wie vor große Reputation unter der Bevölkerung zu untergraben. Wie erfolgreich man damit war, merkte Rizal nicht zuletzt am Verhalten seiner eigenen Familie, und er sah wiederholt einen Anlaß, seine Schwestern zu einer besseren Behandlung Josephines zu ermahnen.

Ein Jahr lebte Rizal noch mit dieser ihm vom Schicksal in die Verbannung geschickten jungen Frau aus Irland in Dapitan zusammen, bis seinen ständigen Bitten nach einer Versetzung aus Dapitan von Generalgouverneur Ramon Blanco entsprochen werden konnte. Rizals Freunde in Europa, auch Blumentritt, hatten ihm nahegelegt, sich der Regierung als freiwilliger Arzt für den im Februar 1895 ausgebrochenen Krieg mit Cuba zur Verfügung zu stellen. Ein solcher patriotischer Akt würde beweisen, daß er kein subversiver Agitator sei, sondern eher pro-spanisch empfinde. Gleichzeitig könne er in Not geratenen Menschen dienen. Diesen Vorschlag griff Rizal auf und stellte im November 1895 einen entsprechenden Antrag an den Generalgouverneur in Manila. Dieser leitete ihn befürwortend nach Madrid weiter, wo abermals viel Zeit verging, bis der Kriegsminister und der regierende General in Cuba – niemand anderes als General Weyler, der die Calamba-Zerstörung zu verantworten hatte – ihre Zustimmung gaben. Auf dem gleichen langwierigen Wege kamen die Genehmigungen zurück, und es wurde Ende Juli 1896, bis sie schließlich in Dapitan eintrafen.

Gefängnisräume Rizals im Fort Santiago vor seiner Hinrichtung. Heute José-Rizal-Gedächtnisstätte.
Fundort: R. Dusik, Philippinen. Reise-Handbuch. Du Mont-Verlag, Köln 1986, S. 128.

Foto von der Hinrichtung Rizals am Morgen des 30. Dezember 1896.
Fundort: Filipino Heritage. The Making of a Nation, vol. 7, Manila (o.J.), S. 1905.

VIII.

Rizal und der Aufstand der „Söhne des Volkes" im Jahre 1896

Daß Rizal zuletzt immer ungeduldiger auf die Erlaubnis aus Manila gewartet hatte, Dapitan und Mindanao oder die Philippinen überhaupt verlassen zu können, hatte noch einen weiteren Grund als den Wunsch nach Beendigung seines Lebens in der Isolation. Anfang Juli 1896 war ein Besucher in seinen Verbannungsort gekommen und hatte Rizal die Nachricht überbracht, daß sich in Manila und den angrenzenden Regionen eine Aufstandsbewegung gebildet habe mit dem Ziel, die Philippinen gewaltsam von der Herrschaft der Spanier zu befreien. Sein Besucher, der Arzt Pio Valenzuela, war ein Mitglied des Führungsrates dieser Bewegung, die sich den Namen *Katipunan* (voller Name: Kataastaasan Kagalang-galang na Katipunan ng mga Anak ng Bayan oder Hohe und Respektable Vereinigung der Söhne des Volkes) gegeben hatte. Sie war gegründet worden am 7. Juli 1892, am Abend des gleichen Tages, an dem die Verbannung Rizals dekretiert worden war, rekrutierte sich zunächst aus einigen Mitgliedern der neugeschaffenen Liga Filipina und wurde wie jene nach dem Muster einer Freimaurer-Loge aufgebaut, um ihre revolutionäre Zielsetzung besser geheim halten zu können.

Der Organisator und Inspirator der Katipunan war Andres Bonifacio (1863–1897). Er war nur zwei Jahre jünger als Rizal, aber er stammte, anders als jener oder die anderen Ilustrados, nicht aus der Prinzipalia, sondern aus armen Verhältnissen und war schon früh verwaist. Als Kind hatte er sich seinen Lebensunterhalt als Händler in Kurzwaren auf Märkten in den Vororten Manilas verdient, dann war er Magazin-Verwalter der deutschen Handelsfirma Fressel & Co. in Manila geworden. Er hatte sich selbst Kenntnisse der spanischen Sprache beigebracht und mit Begeisterung die beiden Bücher Rizals und die Schriften der Propaganda-Bewegung gelesen. Als er nun von der Verbannung des von ihm verehrten Rizals hörte, meinte er, daß damit endgültig das Ende der nach einer Verständigung mit Spanien strebenden Politik gekommen war. Er glaubte durchaus im Sinne von Rizal zu handeln, wenn er dessen gelegentliche Hinweise auf den Zorn des philippinischen Volkes als Reaktion auf die Nichtberücksichtigung seiner Interessen jetzt in einer geheimbündlerischen Vereinigung (= Katipunan) zu organisieren begann.

Agoncillo (1956) u.a. haben versucht, in der Katipunan eine Sozialrevolutionäre Freiheitsbewegung des Volkes zu sehen, das sich unter der Anführung des „großen Plebejers" (Bonifacio) zum ersten Male anschickte, seine eigenen Interessen zu vertreten. In der Tat war der in der Liga Filipina vertretene Mittelstand nicht davon begeistert, daß Bonifacio und seine Vertrauten auch Mitglieder des einfachen Volkes in ihre Katipunan rekrutierten, weil dadurch die Gefahr einer Entdeckung der weiteren Aktivitäten der Liga Filipina vergrößert wurde, und im Oktober 1893 kam es daher zum Bruch zwischen der Liga und der Katipunan. Aber nichts deutet darauf hin, daß Bonifacio mit seiner Organisation etwa auch klassenkämpferische Ideen verfolgte. Ähnlich wie bei Rizal sind bei ihm keine Einflüsse aus sozialistischem Schrifttum nachweisbar, und seine sozialen Appelle an die „Söhne des Volkes" gehen – wie bei Rizal – mehr auf Gedanken der Französischen Revolution und auf christliche Traditionen zurück. Das gleiche gilt für den „Denker" der Katipunan, Emilio Jacinto (1875–1899), der 1893 als Student zu der Katipunan gestoßen war (Dahm 1974: 45ff.). Der Unterschied zu Rizal bestand jedoch darin, daß in der Katipunan von Anfang an die Bereitschaft zum Kampf gegen die spanischen Unterdrücker und damit auch zur Gewaltanwendung gefordert wurde.

In den ersten Jahren war, bedingt durch ein kompliziertes Aufnahmeritual, die Zahl der Mitglieder der Katipunan nur gering. Neue Mitglieder wurden nach dem Dreiecksystem der Freimaurer-Logen gewonnen, sie mußten Aufnahmetests und Mutproben bestehen und schließlich mit eigenem Blut Eidesformeln unterschreiben. Danach hatten sie den ersten Grad (Losungswort: Sohn des Volkes) erreicht. Bei weiteren Verdiensten konnten sie in den zweiten Grad (Losungswort: Gomburza = Kombination der Erstsilben der Märtyrer von 1872) oder schließlich auch in den 3. Grad der Katipunan (Losungswort: Rizal) aufsteigen. Zu Beginn des Jahres 1896 war die Zahl der Mitglieder bereits auf etwa eintausend angestiegen. Als dann in einer geheim zirkulierenden Zeitschrift *Kalayaan* (Freiheit) die Ziele der Gesellschaft wie Forderung nach Gleichheit der Rassen, nach Recht auf Freiheit und nach Unterstützung der Armen verbreitet wurde, erhielt die Katipunan von allen Seiten großen Zulauf. Im August 1896 soll die Zahl der Mitglieder schon an die 20 000 betragen haben. Es war deutlich, daß bei diesem raschen Anwachsen die Möglichkeit einer Entdeckung der Geheimgesellschaft von Tag zu Tag stieg. Die Katipunan versuchte sich auf diesen Fall vorzubereiten. Aus diesem Grunde wurde Pio Valenzuela nach Dapitan geschickt. Er sollte Rizal über die Bewegung informieren, seinen Rat einholen und gegebenenfalls einen Plan zu seiner Befreiung diskutieren.

Als Rizal diese Ausführungen des Abgesandten der Katipunan hörte, war er konsterniert. Die Parallele zu der von ihm so ausführlich beschriebenen Situation im *Noli me tangere*, als Ibarra von Elias von der Kampfbereitschaft des Volkes erfuhr, drängt sich förmlich auf. Wie sein Romanheld soll Rizal zunächst sein „Nein, nein, und tausendmal nein“ gerufen haben, als er sich klar darüber wurde, daß er ohne sein Wissen und Einverständnis von Menschen, die er nicht kannte, in eine Sache hineingezogen worden war, die er nicht billigen konnte.

„Anwendung von Gewalt“, „Aufstand des Volkes“, das waren für ihn Stilmittel gewesen, Drohungen, um die zögernden Spanier endlich zu den notwendigen Reformen zu bewegen. Eine wirkliche politische Alternative aber waren sie für Rizal, zumindest in diesem Entwicklungsstadium der Philippinen, noch nicht. Das hatte er durch die Schlüsselpersonen seiner Romane, durch Elias sowohl als auch durch Padre Florentino, eindeutig erklären lassen. Aber nun sah sich Rizal mit der Tatsache konfrontiert, daß man ihn mißverstanden hatte, daß man ganz offensichtlich in seinem Namen eine Revolution vorbereitet hatte, die bei einer Einschätzung der realen Gegebenheiten keine Chance auf Erfolg haben konnte.

Er versuchte, Pio Valenzuela die Aussichtslosigkeit eines Aufstandes in der gegenwärtigen Situation deutlich zu machen. Er erklärte ihm, was Ferdinand Blumentritt ihm noch kurz vor seiner Rückkehr in die Philippinen in einem Brief vom 30. Januar 1892 zu bedenken gegeben hatte. Dieser hatte geschrieben, wer sich mit der Vorbereitung einer Revolution befasse, müsse zumindest eine klare Chance auf Erfolg haben, wenn er sein Gewissen nicht mit nutzlosem Blutvergießen belasten wolle. Es sei noch stets der Fall gewesen, daß abhängige Völker sich nicht aus eigener Kraft befreien konnten, sondern nur dann, wenn sie von außen Unterstützung fanden. Wenn in den Philippinen jetzt eine Revolution ausbreche, so schrieb Blumentritt weiter, würde sie in einer Tragödie enden, denn seine Insellage werde jeden Aufstand ohne eigene Marine zum Scheitern verurteilen. Daneben hätten die Revolutionäre nur Munition für maximal 5 Wochen. Außerdem gäbe es unter den Filipinos noch viele, die den Mönchen nahe ständen. Eine Revolution würde jetzt nur zum Tod vieler gebildeter Filipinos führen und die Unterdrückung intensivieren. Eine Revolution habe nur dann Aussicht auf Erfolg, wenn

a) ein Teil der spanischen Armee oder Marine rebelliere,
b) wenn die Kolonialmacht in einen Krieg mit einer anderen Macht verwickelt sei,
c) wenn eine fremde Macht die Revolution offen oder heimlich unterstütze.

Keine dieser Voraussetzungen aber treffe zur Zeit für die Philippinen zu (RBC II, 430).

Ob Rizal seinem Besucher gegenüber noch weitere Bedenken geltend gemacht hat, ist nicht bekannt und auch nicht wesentlich. Jedenfalls mußte Pio Valenzuela mit einem alle revolutionären Pläne ablehnenden Bescheid Rizals die Rückreise antreten. Andres Bonifacio, der *Supremo* der Katipunan, beschuldigte Rizal der Feigheit, wagte es aber nicht, den Anhängern der Katipunan dessen Ablehnung mitzuteilen, weil er das Idol für alle war und sich für viele mit dem Namen Rizals Wünsche und Hoffnungen verbanden, daß er sie durch die Revolution hindurch in das Land der Verheißung führen werde.

Rizal seinerseits wußte, daß er die Revolutionäre in Manila mit seinen Argumenten nicht überzeugt hatte und daß er sie nicht mehr von ihrem Weg abbringen konnte. Als das Postschiff Ende Juli 1896 den Bescheid aus Manila brachte, daß er als Arzt bei den Unruhen in Cuba eingesetzt werden sollte, fuhr er noch mit dem gleichen Boot nach Manila, um sich von dort nach Spanien einzuschiffen. In Manila wurde er von Generalgouverneur Blanco bis zum Auslaufen des nächsten Schiffes auf dem Kreuzer *Castilla* untergebracht, wo Rizal auf eigenen Wunsch nur Familienangehörige kontaktieren konnte.

In jenen Tagen wurde die Verschwörung der Katipunan durch den Augustinermönch Mariano Gil am 19. August 1896 aufgedeckt, und die Katipuneros begannen ihren Aufstand, um den zu erwartenden Aktionen der Spanier zuvor zu kommen. Als Rizal am 3. September Manila auf der *Isla de Panay* verließ, waren die Kämpfe bereits in vollem Gange. Generalgouverneur Ramon Blanco ließ ihn nicht nur ziehen, sondern gab ihm handgeschriebene Briefe an die zuständigen Minister in Madrid mit, in denen er Rizal von aller Schuld an den Unruhen freisprach. Rizals Vertrauen in die Ritterlichkeit des höchsten spanischen Amtsträgers auf den Philippinen hatte sich wieder einmal bewährt. Er wollte sich seinerseits dieses Vertrauens würdig erweisen: Als ihm in Singapur Gelegenheit zur Flucht geboten wurde, weigerte er sich, von ihr Gebrauch zu machen. Er setzte seine Reise an Bord des spanischen Schiffes fort, um sich wie vereinbart für die Kämpfe in Cuba als Arzt zur Verfügung zu stellen.

Zu dieser Zeit häuften sich die Fälle, daß gefangene Katipuneros bei ersten Befragungen auf Rizal als Seele des Aufstandes verwiesen, wie es aus dem Ritual bei der Aufnahme, bei Losungsworten und fälschlich genährten Erwartungen durch den Supremo ja auch nicht anders zu erwarten war. Der mit dem Aufstand befaßte Untersuchungsrichter eines Kriegsgerichtes ordnete daher an, daß Rizal auf dem Schiff ab sofort als Gefangener zu betrachten sei und baldmöglichst auf die Philippinen zurückzubringen wäre, um sich wegen der gegen ihn vorliegenden Vorwürfe zu verantworten. Der Untersuchungsrichter, der seine Forderung gegen den Willen des

Generalgouverneurs durchzusetzen verstand, war der schon mit der Bestrafung der Calamba-Petitionäre befaßt gewesene Oberst Olive. Als Rizal davon erfuhr, wußte er, daß er keine Gnade erwarten konnte, als er am 3. November wieder in Manila eintraf und zur Festungshaft in das Fort Santiago eingeliefert wurde.

Bei einer ersten Konfrontation Rizals mit den Zeugenaussagen (die Zeugen selber durfte er nicht sehen) wurde nur der Form Genüge getan. Obgleich Rizal die meisten „Zeugen" weder dem Namen nach noch persönlich kannte und ihre Aussagen oft leicht widerlegen oder ad absurdum führen konnte, lautete das Resumé eines weiteren hinzugezogenen militärischen Untersuchungsrichters gegen Ende des Monats November: „Es ist ganz klar, daß der Angeklagte José Rizal y Mercado der prinzipielle Organisator und die Seele der derzeitigen Aufstandsbewegung auf den Philippinen ist; er hat Gesellschaften gegründet, Zeitschriften publiziert und Bücher geschrieben, in erster Linie, um die Ideen des Aufstandes und des Abfalls der Städte zu betreiben. Er ist der Hauptarchitekt des Filibusterismus in diesem Lande." (Palma, 284.)

Zur Widerlegung der immer wieder gebrachten Vorwürfe stellte Rizal seinem Verteidiger Taviel de Andrade am 12.12.1896 Anmerkungen für seine Verteidigung zur Verfügung, in denen er zu den wichtigsten Punkten noch einmal Stellung nahm: daß er von der Vorbereitung der Rebellion bis zur Ankunft Pio Valenzuelas in Dapitan nichts gewußt habe; daß er diesem erklärt habe, er finde den Plan absurd, weil das ganze Land darunter leiden werde; daß diejenigen, die erklärt hätten, er sei der Führer der Rebellion, dafür doch endlich einmal Beweise bringen sollten, die dies belegen könnten; daß er sich nach Ausbruch der Rebellion dem Generalgouverneur angeboten hätte, alles zu deren Unterdrückung zu tun. Was die Liga Filipina betreffe, habe er zwar die Statuten niedergeschrieben, aber der Zweck der Liga sei nicht kriminell! Er sei Vereinigung des Volkes, Förderung von Handel, Industrie etc. gewesen, denn ein Volk könne ohne materiellen Fortschritt auch keine Freiheiten erhalten. Aber diese „Freiheiten" (Freiheit der Religion, der Rede, der Presse) seien nicht identisch mit Unabhängigkeit. Wer behaupte, er habe die Unabhängigkeit gefordert, solle dies beweisen. Ihm sei es statt dessen stets um die Repräsentation der Philippinen in der Cortés gegangen! Andererseits habe er nicht ausgeschlossen, daß am Ende, wenn Spanien dies als sinnvoll ansehen würde, auch die Unabhängigkeit der Philippinen stehen könne. Über die weitere Entwicklung der Liga Filipina nach seiner Verbannung sei ihm nichts bekannt. Auch die Katipunan kenne er nicht, zu ihr gebe es von seiner Seite aus keinerlei Verbindungen.

Seine Vorschläge seien eher zur Verhinderung als zur Vorantreibung der Revolution geeignet gewesen. Er habe seine Meinung auch stets offen zu Gehör gebracht, sei es in seinen Romanen, Gedichten, Aufsätzen oder sonstigen Schriften. Ein einzelner Mann könne ohnedies keine Revolution hervorrufen, mit seinen Aktivitäten habe er eher dazu beigetragen, aufgestauten Ärger abzulassen. Von seinen Landsleuten sei er wegen seiner Lehren oft als unpraktischer Träumer angesehen worden. Aber er habe stets nur sehr praktische Schritte verlangt, Gründung von Fabriken, Einrichtung von Banken, Schulen und dergleichen, um den Wohlstand des Landes zu fördern. Er habe gewußt, daß es unmöglich sei, die von ihm gewünschten Freiheiten durch Waffengewalt zu gewinnen. Er habe daher stets danach gestrebt, daß die Filipinos sich die gewünschten Freiheiten verdienten. Er könne nicht glauben, daß diese Erwartungen und Hoffnungen kriminell seien, sie seien aus seiner spanischen Bildung erwachsen. Wenn dies zum Schuldspruch führen müsse, dann solle man ihn verurteilen. Aber mit der Rebellion, das wiederhole er noch einmal, habe er nichts zu tun! (PHW, 338–347.)

Diese Rebellion hatte nach anfänglichen Mißerfolgen inzwischen in Emilio Aguinaldo, einem Gobernadorcillo aus Cavite, eine neue Führerpersönlichkeit gefunden, der es verstand, den Kolonialtruppen empfindliche Verluste zuzufügen. Wie ernst die Spanier den Aufstand der Katipunan inzwischen nahmen, konnte Rizal schon auf seiner Rückreise in die Philippinen beobachten: Das ganze Schiff war vollgestopft gewesen mit Soldaten, die gegen die Katipuneros eingesetzt werden sollten. Und an dem Tage, an dem er die Notizen zu seiner Verteidigung niederschrieb (12.12.), erlebte er, daß der ihm so wohlgesonnene Generalgouverneur Ramon Blanco auf Grund seiner Nachgiebigkeit gegenüber den Filipinos in seinem Amt durch General Polavieja abgelöst wurde, der in Cuba bei der Unterdrückung einer Rebellion durch harte Behandlung der Aufständischen mehr Erfolg gehabt hatte. In dieser Situation versuchte Rizal noch einmal, sich an seine Landsleute zu wenden. Die Tatsache, daß sein Name nach wie vor als Ansporn für die Revolutionäre galt, veranlaßte ihn, der diese Rebellion ja eher als eine Verfälschung seiner Lehren betrachtete, Mitte Dezember das folgende Manifest zu verfassen:

„Landsleute!

Bei meiner Rückkehr von Spanien erfuhr ich, daß mein Name als Schlachtruf von denen benutzt wurde, die sich dem bewaffneten Aufstand angeschlossen hatten. Diese Nachricht hat mich schmerzlich berührt. Aber weil ich annahm, daß dies vorüber war, habe ich geschwiegen, weil es ohnedies nicht mehr zu ändern war. Jetzt erhalte ich allerdings Nachrichten, daß die Unruhen weitergehen und für den Fall, daß einige noch immer meinen Namen im Guten oder Bösen benutzen, beeile ich mich, Euch das Folgende mitzuteilen, um diesen Mißbrauch abzustellen und die Unbedachten aufzuklären, so daß ein jeder Bescheid weiß:

Von Anfang an, seit ich hörte, was da geplant wurde, habe ich mich dagegen ausgesprochen und die Absurdität des Planes dargelegt. Dies ist die reine Wahrheit, und es gibt Zeugen unter uns, die dies bestätigen können! Ich war überzeugt, daß die Idee sinnlos war, schlimmer noch, sie war tödlich! Deshalb habe ich später, als gegen meinen Ratschlag der Aufstand ausgebrochen war, spontan nicht nur meine Dienste, sondern auch mein Leben und selbst meinen Namen angeboten, daß dieser in jeder Weise benutzt werden konnte, die versprach, die Rebellion rasch zu beenden. Denn ich war überzeugt, daß sie in ihrem Gefolge viel Leid mit sich bringen würde, und ich war bereit, jegliches Opfer zu bringen, um dieses Unheil abzuwenden. Das ist ebenfalls bekannt! Landsleute! Ich habe Beweise geliefert, so viele wie nur irgendeiner sonst, daß ich Freiheiten für unser Land haben wollte, und ich will sie noch. Aber als Voraussetzung habe ich die Erziehung des Volkes gefordert, so daß es durch Lernen und Arbeit seine Persönlichkeit entwickele und sich der Freiheiten würdig erweise. In meinen Schriften habe ich Lerneifer und bürgerliche Tugenden wie Mut und Aufrichtigkeit gefordert, ohne die unsere Rettung nicht möglich ist. Ich habe ferner geschrieben – und meine Worte wurden wiederholt – daß Reformen, wenn sie etwas nutzen sollen, von oben kommen müssen, denn solche, die von unten kommen, sind schwankend, irregulär und unsicher. Da ich von diesen Vorstellungen überzeugt bin, kann ich nichts anderes tun, als diesen absurden, wilden Aufstand, der hinter meinem Rücken geplant worden ist, zu verurteilen, und ich tue dies hiermit, weil er uns Filipinos entehrt und diejenigen diskreditiert, die für uns eintreten könnten. Ich verabscheue seine kriminellen Methoden und weise jede Art von Zusammenarbeit mit den Rebellen zurück! Ich bedauere aus tiefstem Herzen diejenigen, die sich haben täuschen lassen und rufe ihnen zu: Geht in eure Häuser zurück, und möge Gott denen verzeihen, die hier wider besseres Wissen gehandelt haben!" (PHW, 348f.)

Die Versuchung liegt nahe, dieses Manifest als einen Versuch Rizals zu interpretieren, das Militärgericht, das sich mit seiner Angelegenheit zu befassen hatte, in letzter Stunde zu seinen Gunsten beeinflussen zu wollen. Aber die Kenntnis seiner Bücher, Schriften oder seines Briefwechsels läßt keine andere Bewertung zu als die, daß Rizal Wort für Wort seine wirkliche Meinung niederschrieb. Er verlangte bei aller Kritik an dem Aufstand auch jetzt keine bedingungslose Unterwerfung unter das spanische Regime, er verlangte auch hier die „libertades", die auf die Dauer zu einer Loslösung von der spanischen Herrschaft führen mußten. Und genau so sah es der Generalstaatsanwalt de la Peña, dem das Manifest zur Begutachtung vorgelegt wurde.

Dieser erklärte, das Manifest enthalte nicht den geharnischten patriotischen Protest gegen separatistische Bestrebungen, die man von „loyalen Söhnen Spaniens" erwarten müßte. Rizal verurteile nur die derzeitige Aufstandsbewegung, lasse aber durchblicken, daß die erträumte Unabhängigkeit auch durch weniger unehrenhafte Mittel als die, wie sie jetzt von den Rebellen benutzt würden, erreicht werden könne. Von Rizal werde die Frage der Unabhängigkeit also nicht prinzipiell verneint, sondern sie sei abhängig von den sich bietenden Gelegenheiten. Dadurch werde der Geist zukünftiger Rebellion ermutigt, von einer Veröffentlichung des Manifestes sei daher abzusehen. (Palma, 289f.)

Damit ersparte der Generalstaatsanwalt Rizal die Schande, daß er im Augenblick seiner Verurteilung zum Tode – und daran schien nach den Entwicklungen seit seiner Einlieferung in die Festung Fort Santiago kaum noch ein Zweifel möglich – auch noch von einigen seiner Landsleute, die ihn nicht begriffen hatten, als Feigling oder Verräter der Filipinos verhöhnt wurde. Diejenigen unter den „Söhnen des Volkes" jedoch, die Rizals wegen in die Katipunan eingetreten waren, konnten auch weiterhin glauben, daß sie mit ihrem Kampf dem Willen ihres Idols entsprachen, wie es ursprünglich ja auch Andres Bonifacio mit der Gründung der Katipunan geglaubt hatte.

IX.

Rizals Tod und Nachwirken

Das eigentliche Gerichtsverfahren gegen Rizal fand am 26.12. 1896 statt. Es begann mit dem Verlesen der Anklageschrift, wobei, wie nicht anders zu erwarten war, versucht wurde, Rizal als den Hauptschuldigen an der derzeitigen Aufstandsbewegung darzustellen. Dabei wurde vor allem auf die schon erwähnten umstrittenen Zeugenaussagen zurückgegriffen, die Rizal besonders belasteten. Daneben wurde auch noch einmal auf den zum Aufbegehren gegen Spanien anstachelnden Charakter seiner Schriften hingewiesen, wie auch auf die Liga Filipina als geplantes Instrument, um die Rebellion zu organisieren.

Rizals Verteidiger, Taviel de Andrade, gab sich alle Mühe, auf die Widersprüche in den Zeugenaussagen hinzuweisen, ein Kreuzverhör hatte ja nicht stattgefunden, und er bemühte sich, die Rizal besonders belastenden Vorwürfe Punkt für Punkt zu entkräften. Er folgerte schließlich, daß Rizal die Schuld an der Rebellion nicht angelastet werden könnte. Was bleibe, seien dessen frühere Aktivitäten und Schriften, für die ihn vor Ausbruch der Rebellion kein Gericht zum Tode verurteilt hätte. Auch Rizal selbst erhielt noch einmal das Wort. Er verlas eine 12-Punkte-Erklärung, in der er energisch jegliche Beteiligung an Vorbereitung und Durchführung der Rebellion bestritt und deutlich auf den Unterschied zwischen den Zielsetzungen der von ihm gegründeten Liga Filipina und der Katipunan hinwies, der den Richtern noch nicht klar zu sein schien.

Dennoch befand das Gericht nach kurzer Beratung noch am gleichen Tage Rizal in allen Punkten im Sinne der Anklage für schuldig und verurteilte ihn zum Tode. Generalstaatsanwalt N. de la Peña bestätigte das Urteil, und Generalgouverneur Polavieja setzte am 28.12.1896 fest, daß es am 30.12.1896, um 7.00 Uhr morgens auf dem Bagumbayan-Feld, ganz in der Nähe des Ortes, an dem 1872 die drei Priester hingerichtet worden waren, durch Erschießen des Verurteilten zu vollstrecken sei.

Im Unterschied zu den Patres Gomez, Burgos und Zamora war Rizal wenigstens formal ein faires Gerichtsverfahren gewährt worden. Auf die Frage, ob er schuldig im Sinne der Anklage war, kann man zwar mit Rizal den Vorwurf zurückweisen, weil er diese Rebellion nicht wollte. Aber man muß auch dem Argument des Anklägers Gewicht beimessen, der erklärt hatte: „Bei Verbrechen dieser Art, die auf die Erregung der Leidenschaften des Volkes gegen die Regierungskräfte zurückzuführen sind, trifft denjenigen die Hauptschuld, der die schlummernden Gefühle weckt und falsche Hoffnungen für die Zukunft vorspiegelt." (Guerrero: 414.) Das aber hatte Rizal getan (sieht man von der polemischen Formulierungsweise einmal ab), sonst hätte er nicht in den Augen vor allem der einfachen Landbevölkerung schon messianische Züge angenommen, als er noch in Europa war. So hatte es 1889 in einem Brief geheißen: „Alle Leute hier fragen nach Dir und setzen ihre Hoffnung auf Dich. Selbst die ärmeren Menschen aus den Bergen fragen, wann Du zurückkommst. Es scheint, daß sie Dich als zweiten Jesus betrachten, der sie von ihrem Elend erlösen wird." (Dahm 1974: 42.) Nach seiner Rückkehr und Verbannung war sein Nimbus dann eher noch gewachsen, so daß sich sowohl Andres Bonifacio als auch andere Katipuneros bei ihren Planungen auf ihn beriefen. Ob Rizal es wahrhaben wollte oder nicht: Die Katipunan war auch seine Saat, selbst wenn er sie später als Unkraut betrachtete, das auszureißen war, weil es seine eher evolutionären Reformvorstellungen überwucherte und erstickte, weil es, wie er sich ausdrückte, „den Tod verbreitete" statt die Chance auf ein besseres Leben.

Wie hatte Rizal sich diese Chance in Krisenzeiten, wenn alle Appelle an die Einsicht und Vernunft wirkungslos blieben, vorgestellt? Erinnern wir uns. Es war das Rezept, das er in *El Filibusterismo* entwickelte, das gerade auf den Philippinen einen fruchtbaren Nährboden hatte: die Opferbereitschaft; die Bereitschaft, für das, was als wahr erkannt war, zu sterben. Das hatte Rizal sowohl im

Roman als auch in der Korrespondenz der frühen 90er Jahre als den Ausweg aus der Krise angesehen und selbst danach gehandelt, als er sich 1892 den Behörden stellte. Diese Möglichkeit zur Bewährung, diese Chance, durch das persönliche Opfer seiner Sache zum Sieg zu verhelfen, war jetzt plötzlich wieder zurückgekehrt.

Alle Berichte über die letzten Tage Rizals stimmen darin überein, daß er sein Geschick mit großer Würde trug. Das betrifft sowohl seinen Umgang mit Geistlichen und Vertretern der spanischen Macht, die ihres Amtes zu walten hatten, als auch den Abschied von seinen Angehörigen, der für ihn bei seiner Liebe zu seiner Familie vielleicht der schwerste Prüfstein war. Seine letzten Äußerungen aber sind frei von jeglicher Bitterkeit oder von Zynismus. Das wird auch deutlich in seinem Gedicht „Ein letztes Lebewohl". Es galt seinem Vaterland. Er schildert dessen Schönheit, seine Liebe zu ihm, und daß er ihm auch über den Tod hinaus verbunden bleiben werde, zunächst als Grab und in der persönlichen Erinnerung, und schließlich wieder als ein Teil seiner Natur. Am frühen Morgen des 30. 12. 1896, wenige Stunden vor seinem Tod, wurde Rizal auf seinen Wunsch noch mit Josephine Bracken getraut. Als Erinnerung an ihn gab er ihr das Buch von Thomas à Kempis, „De imitatione Christi", das er sich während der Haftzeit von jesuitischen Freunden erbeten hatte. Dies war jetzt ganz offensichtlich sein wertvollstes Geschenk. Daran erkennt man, wie er sein eigenes Ende sah: als Opfer, wie es so exemplarisch in der Passion Jesu zum Ausdruck kommt.

Gegen 6.30 Uhr wurde er von einem Exekutionskommando zum Bagumbayan-Feld geführt, das heute als Rizal-Park seinen Namen trägt. Es waren viele Schaulustige gekommen, um der „Hinrichtung eines Verräters" beizuwohnen. Diejenigen, die sich darunter ein Spektakel vorgestellt hatten, wurden enttäuscht. Von Auflehnung oder Verzweiflung, wie sie z.T. von den Märtyrern des Jahres 1872 überliefert ist, war bei Rizal nichts zu spüren. Er beeindruckte die ihn begleitenden Offiziellen wie Umstehenden gleichermaßen durch seine ruhige Gelassenheit. Er hatte mit dem Leben abgeschlossen und sah dem Tode gefaßt entgegen. Als er schließlich von der Salve des Exekutionskommandos getroffen zu Boden fiel, hörte man vereinzelte Rufe „Tod den Verrätern“ und „Viva España“! Aber es gab an jenem kühlen Morgen auch andere, die wußten, daß es nach der Hinrichtung eines Mannes, der bis zuletzt den Gedanken der Evolution und der Zusammenarbeit mit Spanien vertrat, für dieses Spanien in den Philippinen keine Zukunft mehr gab.

Auf den weiteren Gang des philippinischen Aufstandes gegen Spanien hatte die Erschießung Rizals keine Auswirkungen. Die Kämpfe gingen weiter, und Emilio Aguinaldo konnte schließlich den Aufständischen in Biyak-na-Bato eine von den Spaniern kaum zu erobernde Bastion sichern. Um so überraschender war, daß Ende des Jahres 1897 Aguinaldo und einige seiner Mitkämpfer gegen eine „Entschädigung“ von 800 000 Pesos das Land verließen und damit die Rebellion gegen die Spanier vorerst beendeten. Unter denjenigen, die gegen diesen unrühmlichen Ausgang des Aufstandes protestierten, war auch Paciano Mercado, der Bruder Rizals, der gerade den Hang der Filipinos zur Bestechlichkeit in seinen Schriften und Romanen stets gegeißelt hatte. *In El Filibusterismo* hatte Padre Florentino gegen Ende des Buches z. B. erklärt:

„So lange wir unsere Landsleute in ihre Selbstsucht verstrickt sehen und erleben, wie sie mit verlegenem Lächeln selbst verachtenswerte Taten preisen, dabei aber mit beiden Augen schon nach der Belohnung schielen, wozu sollte man ihnen die Unabhängigkeit geben? Mit oder ohne Spanien würden sie die gleichen sein, vielleicht sogar noch schlimmer. Wozu nutzt die Unabhängigkeit, wenn die Sklaven von heute die Tyrannen von morgen sein werden? Und sie werden es sein, denn wer sich der Tyrannei unterwirft, liebt sie.“ (EF, 297.)

Nein, auch der Ausgang des Aufstandes hätte in Rizals Augen keine Billigung gefunden! Nicht die Einsicht der Ausweglosigkeit, sondern die spanischen „Silberlinge“ führten ganz offensichtlich das Ende der Rebellion herbei.

Als im Rahmen des spanisch-amerikanischen Krieges im April 1898 auf den Philippinen erneut der Aufstand gegen Spanien ausbrach, gelang es den Rebellen bald, die gesamte Insel Luzon zu kontrollieren. Am 12. Juni 1898 wurde gar von dem inzwischen zurückgekehrten Aguinaldo die philippinische Unabhängigkeit proklamiert. Aber noch im gleichen Jahr deutete sich an, daß die Amerikaner trotz ihrer antikolonialen Tradition das Erbe der Spanier als Kolonialmacht auf den Philippinen anzutreten gedachten. Die heftige interne amerikanische Auseinandersetzung vor dem Entschluß zur Annexion der Philippinen hatte aber immerhin die „Imperialisten“ zu dem Versprechen geführt, daß man eine Politik der „benevolent assimilation“ führen wolle. Der Präsident der für die Anfänge der amerikanischen Herrschaft die Grundlagen ausarbeitenden Ersten Philippinen-Kommission, Jacob G. Schurmann, erklärte in diesem Zusammenhang im September 1899: „Wir wollen eine Treuhänderschaft über die Philippinen zum Nutzen der Filipinos übernehmen. Wir betrachten es als unsere Aufgabe, die Filipinos zu erziehen, sie hochzuheben und sie dabei zu unterstützen, sich selbst zu regieren.“

Es wundert einen nicht, daß die Amerikaner bei diesem Bemühen, das bei allen handfesten ökonomischen Interessen (Nähe zu China!) nicht nur als Rhetorik abgetan werden kann, bald auf Rizal und sein Werk aufmerksam wurden. Schon im Jahre 1901 haben sie durch ungewöhnliche Ehrungen, durch Benennung einer an Manila angrenzenden Provinz nach Rizal, durch die Erklärung seines Todestages (30. 12.) zum nationalen Gedenktag für die Philippinen und durch den Plan zur Errichtung eines Denkmals an seiner Hinrichtungsstätte unübersehbare Grundlagen zum Rizal-Kult späterer Jahre gelegt. Aber die Amerikaner haben den der Evolution statt der Revolution das Wort redenden und ihnen daher so glänzend in ihre eigenen Pläne passenden Rizal damit nicht zum Nationalhelden „gemacht“ oder ihn als solchen „erfunden“. Diese später gelegentlich zu hörenden Behauptungen kamen vor allem von solchen, die die Ilustrados als Verräter der Interessen des Volkes ansahen, wie etwa Agoncillo oder Renato Constantino oder anderen, die lieber Andres Bonifacio als den Nationalhelden der Filipinos sehen würden, weil dieser den Kampf gegen die Unterdrücker gefordert und vorbereitet hatte, und nicht Rizal, der sich gegen jede Gewaltanwendung ausgesprochen hatte.

Aber Rizal war schon der Nationalheld der Filipinos, bevor die Amerikaner in den Philippinen erschienen. Einige Beispiele der Verehrung Rizals, als er noch in Europa und in der Verbannung weilte, wurden bereits erwähnt, nach der Proklamation der Unabhängigkeit (12. Juni 1898) erschienen Zeitungen mit großen Berichten über Rizals Leben und Wirken, und schon im Dezember 1898 wurde sein Todestag im ganzen Land feierlich als nationaler Gedenktag begangen. Die Amerikaner sanktionierten somit 1901 eine Tradition, die sich schon eingebürgert hatte. 1907 erschien die erste Biographie Rizals durch einen seiner vormaligen Kritiker und Gegenspieler auf Seiten der Spanier, Wenceslao E. Retana, Vida y Ecritos del Dr. José Rizal, der damit eine Vielzahl weiterer biographischer Arbeiten einleitete, von denen einige zu reinen Hagiographien wurden und jede kritische Reflektion vermissen ließen. Dabei hatte Rizal kurz vor seinem Tode noch selbst versucht, die Maßstäbe zurechtzurücken. In einem Interview mit einem spanischen Korrespondenten soll er gesagt haben: „Diejenigen, die mich persönlich kannten, würden mich nicht in den Himmel heben, aber sie würden mich auch nicht erschossen haben. Sie würden mich vielmehr sehen als das, was ich bin, nämlich als ganz gewöhnlichen Zeitgenossen. Meine fanatischsten Anhänger sind die, die mich nicht kennen …" (Guerrero, 474.) Rizals Märtyrertod aber hat dann nicht nur die blinden Verehrer, sondern auch die ihn aufrichtig bewundernden Anhänger von seinen besonderen, seinen außerordentlichen Qualitäten überzeugt. Für seinen anhaltenden Ruhm sorgte seit 1909 der Orden „Caballeros de Rizal", später „Knights of Rizal", der vor allem nach der Unabhängigkeit der Philippinen seinen Einfluß geltend machen konnte. Im Juni 1956 erreichten die inzwischen auf etwa 2000 Mitglieder angestiegenen „Ritter Rizals" sogar ein Gesetz im philippinischen Parlament, nach dem in den Curricula aller öffentlichen und privaten Schulen, in Colleges und Universitäten Lehrveranstaltungen über Leben, Wirken und die Schriften Rizals, insbesondere über seine Romane *Noli me tangere* und *El Filibusterismo* anzubieten seien und daß der Druck dieser Werke von Staats wegen entsprechend gefördert werden solle (Republic Act No. 1425 v. 12.6.

1956). Einen vorläufigen Höhepunkt fanden die Ehrungen Rizals in den Feiern anläßlich der hundertsten Wiederkehr seines Geburtstages (1961) in allen Teilen der Philippinen und in dem Neudruck sämtlicher Werke Rizals, soweit sie der „José Rizal National Centennial Commission" erreichbar waren.

Außerhalb der Philippinen und der ihnen besonders verbundenen Länder, wie Spanien oder die USA, blieben Einfluß oder auch nur der Bekanntheitsgrad José Rizals dagegen sehr begrenzt. Es dauerte lange Zeit, bis sein Name selbst in den Encyklopädien oder Lexika Eingang fand.

In jüngerer Zeit hat man stärker versucht, auch seine internationale Bedeutung zu erfassen. Man hat ihn als „Pionier des asiatischen Nationalismus" bezeichnet oder ihn als Inspirator der Freiheitsbewegungen anderer Länder Asiens hinzustellen versucht. Man hat darauf aufmerksam gemacht, daß er gleichaltrig ist mit Tagore (*1861) oder mit Sun Yat-sen (*1866) und Gandhi (*1869), daß er aber noch vor diesen den Westen herausgefordert und mit seinen eigenen Waffen bekämpft hätte. (Coates, 351ff.; Sichrovsky, 140f.)

Chronologisch und geographisch gesehen sind solche Bemerkungen naheliegend und nachdenkenswert. Dennoch zögert man, in Rizal den Vorläufer oder gar den Prototyp des asiatischen Nationalisten zu sehen. Bei allen asiatischen Nationalisten kam in der einen oder anderen Form, bei dem einen mehr, bei dem anderen weniger, ihr vorkoloniales, ihr voreuropäisches Erbe zur Geltung. Das gilt für Indien ebensosehr wie für Japan, China, für Indonesien oder Birma bis hin zu Vietnam. Der Rückbesinnung auf die eigene Identität folgte oft eine Revitalisierung traditioneller Wertorientierungen, die sich bei der Auseinandersetzung mit dem Westen als große Hilfe erwiesen. Ohne sie wäre auch die Mobilisierung der Massen nicht möglich gewesen, die wiederum den Unabhängigkeits- oder Reformbewegungen Durchschlagskraft verliehen (Dahm: 1974). Darin liegt gerade die Bedeutung von Gandhi oder Tilak, von Sun Yat-sen oder Kang Yu-wei, der Meiji-Reformer in Japan, Tjokroaminotos oder Sukarnos in Indonesien, Aung Sans oder U Nus in Birma oder selbst Ho Chi Minhs in Vietnam: daß sie Brücken zu bauen verstanden, um einen Teil der eigenen Identität zu erhalten und in die Moderne überführen zu können. Ob es das Spinnrad war, die traditionelle Dorfgemeinschaft, buddhistische, konfuzianische oder islamische Überzeugungen oder Mischungen daraus, – das Arsenal, aus dem gegen die „fremden Teufel" Waffen geholt werden konnten, war schier unerschöpflich. Das galt, im Prinzip zumindest, für alle, nur nicht für Rizal!

Dieser interessierte sich kaum für das, was gleichzeitig in Asien vor sich ging. Es sind von ihm keine Kommentare zu den Meiji-Reformen oder zu den Reformversuchen von Kang Yu-wei in China bekannt, oder über den Brahmo Samaj des Ram Mohan Roy bzw. den Arya Samaj von Dayananda Sarasvati in Indien, von denen er Kenntnis haben konnte, wenn er sich ernsthaft für sie interessiert hätte. Mit Sun Yat-sen lebte er 1891/92 sogar ein paar Wochen in Hongkong zusammen, ohne daß sich die beiden Nationalisten trafen oder auch nur Kenntnis voneinander hatten.

Rizals intellektuelle Heimat war Europa. Statt für Indien, China, Japan interessierte er sich, neben Spanien, für Frankreich, Deutschland, Italien oder England. Mit großem Eifer und Erfolg erlernte er die diesbezüglichen Sprachen. Seine Gedichte und Romane schrieb er in Spanisch und nicht in Tagalog, auch die, die er als bleibendes Vermächtnis an sein Vaterland betrachtete, wie sein „Ultimo Adiós" in der Zelle nach seiner Verurteilung zum Tode. Dabei galt – und daran kann nicht der geringste Zweifel bestehen – sein ganzes Bemühen und sein Einsatz bis zum Tode seinem Vaterland, den Philippinen. Aber er konnte aus dessen vorkolonialen Traditionen keine Waffen schmieden, weil diese Traditionen nicht mehr lebten! Selbst wo es noch Überbleibsel zu geben schien, waren diese weitgehend hispanisiert. Rizal war sich dieses Dilemmas selbst am besten bewußt. Er hatte sich ja in die Bibliothek des Britischen Museums in London begeben, um das Leben der Filipinos in vorkolonialer Zeit zu rekonstruieren. Er tat dies, wie er 1890 in seinem Vorwort zu seiner neuen Edition von Antonio de Morgas Sucesos de las Islas Filipinas aus dem Jahre 1607 schrieb, um seinen Landsleuten einen neuen Zugang zu ihrer vorspanischen Vergangenheit zu ermöglichen. Gandhi, Kang Yu Wei, Sukarno, U Nu brauchten in ihren Ländern nichts zu rekonstruieren, vorkoloniale Traditionen waren dort noch überaus lebendig.

Die philippinischen Inseln dagegen trugen nicht nur den Namen des vormaligen spanischen Königs, zu dessen Zeiten sie kolonisiert worden waren, sondern sie waren auch – ähnlich wie die lateinamerikanischen Staaten – tief durch die spanische Kultur, durch ihre Normen und Wertvorstellungen geprägt. An ihren Verzerrungen äußerte Rizal seine Kritik, aus ihren Verheißungen schöpfte er seine Kraft und seine Visionen für eine menschenwürdigere Existenz seines Volkes. Ein philippinisches Element in dieser Kultur ist die Indigenisierung des Christentums, insbesondere auch der Leidensbereitschaft, wie sie in der Passionszeit zum Ausdruck kommt. Passionsspiele, wie man sie auch in Deutschland kennt, hatten sich auch auf den Philippinen schon frühzeitig, regionalen Besonderheiten Rechnung tragend, herausgebildet und dienten den Filipinos als Sinnbild ihrer Lasten und Hoffnungen zu deren Überwindung. In diese Traditionen hat sich Rizal ganz bewußt mit seinen Empfehlungen und mit seinem persönlichen Opfergang eingereiht. Und dieses Vorbild der Opferbereitschaft, wie Rizal sie im *El Filibusterismo* als Voraussetzung für eine wahrhaftige und würdevolle Unabhängigkeit beschrieb, wirkt auch in der Gegenwart weiter. Sein Vermächtnis war ganz offenbar auch in jener „Revolution der Rosenkränze" im Februar 1986 in Manila zu spüren, als sich die Massen unbewaffnet den Truppen des Marcos-Regimes entgegenstellten. Ob sie sich bewußt waren, daß sie damit genau den Wunsch ihres Nationalhelden erfüllten oder nicht, sie handelten aus den gleichen Überzeugungen und Antriebskräften wie Rizal. Wie dieser sich zum Beispiel die Übernahme der Macht durch das emanzipierte Volk gegen ein repressives Regime erhofft hatte, kommt in Isaganis „Traum" in *El Filibusterismo* zum Ausdruck: „Das alte System kann die Ruinen seiner Burg zu Barrikaden auftürmen, es nutzt ihm nichts. Wir werden sie einnehmen, während wir Freiheitslieder singen. Und diese Eroberung wird friedlich geschehen." (EF, 201.)

Freilich findet daneben auch das andere Lösungsmuster, wie es von Bonifacio propagiert worden war, die Anwendung von Gewalt, nach wie vor seine Anhänger auf den Philippinen. Es wurde schon angedeutet: Rizals Verehrung unter den Filipinos ist groß und beeindruckend, aber nicht von allen wird seine Forderung nach dem absoluten Vorrang einer evolutionären Entwicklung als verbindlich anerkannt.

Rizal-Bibliographie

Bücher und Quellenangaben

José Rizal, *Noli me tangere*. Erstausgabe Berlin 1887 in spanischer Sprache. Viele Neuauflagen, zuletzt z.B. durch das Instituto Nacional de Historia, Manila 1978. In englischer Sprache erschien das Buch erstmals unter dem Titel *Social Cancer* von C. Derbyshire, Manila 1912. Eine neuere Übersetzung stammt von L. Ma. Guerrero, London 1961, zit. Noli. Neuerdings gibt es auch eine deutsche Ausgabe: José Rizal, *Noli me tangere*, aus dem philippinischen Spanisch übersetzt von A. del Cueto-Mörth, Insel-Verlag, Frankfurt/M. 1987.

José Rizal, *El Filibusterismo*, Erstausgabe Gent 1891 in spanischer Sprache. Verschiedene Neuauflagen, z.B. durch die National Historical Commission, Manila 1961. In englischer Sprache erschien *El Filibusterismo* zunächst unter dem Titel *The Reign of Greed* von C. Derbyshire, Manila 1912. Auch hier gibt es eine neuere Übersetzung von L. Ma. Guerrero, London 1965, zit. EF. Eine deutsche Ausgabe liegt noch nicht vor.

Sucesos de las Islas Filipinos por el Dr. Antonio de Morga, anotada par José Rizal, Paris 1890. Englische Ausgabe Manila 1962.

Die wichtigsten Briefwechsel Rizals wurden von T.M. Kalaw gesammelt und herausgegeben unter dem Titel: *Epistolario Rizalino*, 5 Bde., Documentos de la Bibliotheca Nacional de Filipinas, Manila 1930–1938 (Bd. 1: 1877–1887; Bd. 2: 1887–1890; Bd. 3: 1890–1892; Bd. 4: 1892–1896; Bd. 5 in zwei Teilen: Rizal-Blumentritt Correspondenz), zit. E.R.

Anläßlich des 100. Geburtstages von Rizal wurden seit 1961 in Manila von einer José Rizal National Centennial Commission die

vornehmlichen Werke Rizals sowohl in spanischer als auch in englischer Sprache neu herausgegeben.
Die wichtigsten Bände in englischer Sprache neben den Romanen sind:

Vol. I: Reminiscenses and Travels of José Rizal, Manila 1961.

Vol. II: Book 1, Letters between Rizal and Family Members, Manila 1962.
Book 2, The Rizal-Blumentritt Correspondence, 2 Parts, Manila 1961, zit. RBC.
Book 3, Letters between Rizal and the Reformists, Manila 1963.

Vol. III: Book 1, Rizal's Poems, Manila 1962.
Book 2, Rizal's Prose, Manila 1962, zit. Prose.

Vol. VI: Historical Events of the Philippine Islands by Morga, edited and annotated by Rizal, Manila 1962.

Vol. VII: José Rizal, Political and Historical Writings, Manila 1963, zit. PHW.

Literatur (Auswahl)

T. A. Agoncillo, The Revolt of the Masses, Quezon City, 1956.

J. Alejandrino, The Price of Freedom, Manila 1949.

E. Blumentritt, „Dr. José Rizal", in: Internationales Archiv für Ethnographie, Leiden, Paris, Leipzig, London, Bd. 10 (1897), S. 88–92.

J. Bowring, A Visit to the Philippine Islands, London 1859.

G. Brenan, The Spanish Labyrinth, Cambridge 1963.

J.G. Capino, Rizal's Life, Works and Writings, Quezon City 1977.

J.M. Cavanna Y Manso, Rizals Unfading Glory, Manila 1983.

A. Coates, Rizal. Philippine Nationalist and Martyr, London and Kuala Lumpur 1968.

R. Constantino, The Philippines: A Past Revisited, Manila 1975.

Ders., „Veneration without Understanding", in: The Third Annual Rizal Lectures, National Historical Commission, Manila 1970.

H. de la Costa, S.J., Readings in Philippine History, Manila 1965.

Ders., The Trial of Rizal. W.E. Retana's Transcription of the official Spanish Documents edited and translated, Manila 1961.

A. Craig, Lineage, Life and Labors of José Rizal, Manila 1913.

N.P. Cushner, Spain in the Philippines. From Conquest to Revolution, Quezon City 1971.

B. Dahm, Emanzipationsversuche von kolonialer Herrschaft in Südostasien. Die Philippinen und Indonesien. Ein Vergleich, Wiesbaden 1974.

Ders., „Rizal and the Question of Violence", in: Understanding the Noli, edited by J.S. Arcilla, S.J., Phoenix Press, Quezon City 1988.

Ders., „Rizal and Gandhi", in: M. Rajaretnam (ed.), José Rizal and the Asian Renaissance, Institut Kajian Dasar, Kuala Lumpur 1996.

B.B. Domingo, Rizal in Germany, 3rd edition, Manila 1983.

W. van den Driesch, Grundlagen einer Sozialgeschichte der Philippinen unter spanischer Herrschaft (1565–1820), Frankfurt, Bern, New York 1984.

J.B. Fernandez, José Rizal: Filipino Doctor and Patriot, Manila 1980.

G. Fischer, José Rizal: Philippin, 1861–1896, Paris 1970.

P.A. Gagelonia, Rizals Moments of Truth, Quezon City 1975.

L.Ma. Guerrero, The First Filipino, Manila 1963.

E.A. Hessel, The Religious Thought of José Rizal, Quezon City 1983.

R.C. Ileto, Pasyon and Revolution, Quezon City 1979.

F. Jagor, Reisen in den Philippinen, Berlin 1873.

R. Konetzke, Süd- und Mittelamerika I, Fischer Weltgeschichte Bd. 22, Frankfurt/M. 1956 und (Neudruck) 1965.

P.C. Laubach, Rizal: Man and Martyr, Manila 1936.

A. de Morga, Sucesos de las Islas Filipinas, Mexiko 1607.

National Historical Institute, Rizal, Manila 1979.

C. Osias, José Rizal: His Life and Times, Manila 1948.

R. Palma, Biografie de Rizal, Manila 1949; engl.: The Pride of the Malay Race, New York 1949.

C. Quirino, The Great Malayan. The Biography of Rizal, Manila 1940.

W.E. Retana, Vida y Ecritos del Dr. José Rizal, Madrid 1907.

J. Rizal, s. unter Bücher und Quellenangaben.

R.A. Roland, The Rizalista Cult in Philippine Nationalism; A Case History of the „Uses“ of a National Hero, Ph. D.-Dissertation, New York University, 1969.

C.E. Russel and E.B. Rodriguez, The Hero of the Filipinos, New York 1923.

J.N. Schumacher, S.J., The Filipino Nationalist Propaganda Campaign in Europe 1880–1895, Ph. D.-Dissertation, Georgetown University 1965.

Ders., Revolutionary Clergy: The Filipino Clergy and the Nationalist Movement 1850–1903, Quezon City 1981.

H. Sichrovsky, Der Revolutionär von Leitmeritz. Ferdinand Blumentritt und der philippinische Freiheitskampf, Wien 1983.

Unesco National Commission of the Philippines (Hrsg.), Rizal as an Internationalist, Manila 1961.

P. Villaroel, José Rizal and the University of Santo Tomas, Manila 1984.

E. Wickberg, The Chinese in Philippine Life 1850–1898, New Haven and London 1965.

G.F. Zaide, José Rizal, Manila 1984.